（日）藤田智／文　（日）Nakakoji mutsuyo／插图　烟雨／译

在阳台上
种菜

浙江科学技术

前 言

　　你有没有品尝过自己亲手种的菜？虽然没有超市里包装好的漂亮，但口味绝对是不可比拟的。而每天看着阳台上自己种的菜不断长高、变大，又是一份不可言喻的喜悦与激动。

　　不需要庭院，不需要天地，只需要几个容器，你的阳台就会成为一片充满生机的绿色海洋。有人觉得自己种菜太难而懒于尝试，殊不知，你很可能失去一种非常珍贵的体验。本书针对初学者畏难的心理，专门介绍比较容易的蔬菜栽培法，让你在实践中体会到无穷的乐趣。

虽说是亲手种菜，但其实种菜的不是我们自己，而是大自然神奇的力量，我们人类只是打个下手而已。请一定要尝试一下，你的餐桌上将会增添别有风味的菜肴。

藤田智　教授

在阳台上种菜 目录

前言 ··· 2

本书的使用方法 ······································· 8

Part❶ 在家体验种菜的乐趣

盆栽蔬菜 ·· 10

从种植简单的蔬菜开始 ····························· 12

我家的阳台可以吗? ································· 14

选择合适的容器 ······································· 16

栽种蔬菜的工具 ······································· 18

掌握种植时间 ·· 20

打造漂亮阳台 ·· 22

Part❷　快乐种菜的要点

从选土开始 ································· 24

认识肥料 ································· 26

装土 ································· 28

选苗、种子 ································· 30

浇水的要点 ································· 32

疾病、害虫的处理 ································· 34

认识疾病、害虫 ································· 36

土的循环利用 ································· 38

体验混作 ································· 40

Part❸　快乐种菜·果实类

●茄子 ································· 42

●青椒·辣椒 ································· 46

●大西红柿·小西红柿 ⋯⋯⋯⋯⋯⋯⋯⋯⋯ **50**

●黄瓜 ⋯⋯⋯⋯⋯⋯⋯⋯⋯⋯⋯⋯⋯⋯⋯⋯ **54**

●小南瓜 ⋯⋯⋯⋯⋯⋯⋯⋯⋯⋯⋯⋯⋯⋯⋯ **58**

●蚕豆 ⋯⋯⋯⋯⋯⋯⋯⋯⋯⋯⋯⋯⋯⋯⋯⋯ **62**

●扁豆 ⋯⋯⋯⋯⋯⋯⋯⋯⋯⋯⋯⋯⋯⋯⋯⋯ **66**

●毛豆 ⋯⋯⋯⋯⋯⋯⋯⋯⋯⋯⋯⋯⋯⋯⋯⋯ **70**

●草莓 ⋯⋯⋯⋯⋯⋯⋯⋯⋯⋯⋯⋯⋯⋯⋯⋯ **74**

快乐厨房·芽苗菜 ⋯⋯⋯⋯⋯⋯⋯⋯⋯⋯⋯ **78**

Part❹ 快乐种菜·叶类蔬菜

●生菜 ⋯⋯⋯⋯⋯⋯⋯⋯⋯⋯⋯⋯⋯⋯⋯⋯ **82**

●茼蒿 ⋯⋯⋯⋯⋯⋯⋯⋯⋯⋯⋯⋯⋯⋯⋯⋯ **86**

●青梗菜 ⋯⋯⋯⋯⋯⋯⋯⋯⋯⋯⋯⋯⋯⋯⋯ **90**

●油菜 ⋯⋯⋯⋯⋯⋯⋯⋯⋯⋯⋯⋯⋯⋯⋯⋯ **94**

●苦菊 ⋯⋯⋯⋯⋯⋯⋯⋯⋯⋯⋯⋯⋯⋯⋯⋯ **98**

●长茎西兰花 ⋯⋯⋯⋯⋯⋯⋯⋯⋯⋯⋯⋯⋯ **102**

● 菠菜 ┄┄┄┄┄┄┄┄┄┄┄┄┄┄┄┄┄┄┄┄┄┄┄┄ **106**

● 洋葱 ┄┄┄┄┄┄┄┄┄┄┄┄┄┄┄┄┄┄┄┄┄┄┄┄ **110**

用阳台收获香料植物 ┄┄┄┄┄┄┄┄┄┄┄┄┄┄┄┄┄ **114**

Part**❺**　快乐种菜·根菜类

● 胡萝卜 ┄┄┄┄┄┄┄┄┄┄┄┄┄┄┄┄┄┄┄┄┄┄ **118**

● 土豆 ┄┄┄┄┄┄┄┄┄┄┄┄┄┄┄┄┄┄┄┄┄┄┄┄ **122**

● 白萝卜 ┄┄┄┄┄┄┄┄┄┄┄┄┄┄┄┄┄┄┄┄┄┄ **126**

● 小萝卜 ┄┄┄┄┄┄┄┄┄┄┄┄┄┄┄┄┄┄┄┄┄┄ **130**

● 大头菜 ┄┄┄┄┄┄┄┄┄┄┄┄┄┄┄┄┄┄┄┄┄┄ **134**

● 生姜 ┄┄┄┄┄┄┄┄┄┄┄┄┄┄┄┄┄┄┄┄┄┄┄┄ **138**

本书的使用方法

1. 本书介绍的是盆栽蔬菜，
   要根据所种蔬菜选择合适的容器。

2. 书中的栽培日历仅供参考，
   不同的区域要根据具体情况而定。

3. 根据从栽种到收获的过程，
   将难易度分成3个等级：容易、中等、稍难。
   ★越多，难度越大。

藤田先生：

喜欢种菜，
在指导菜菜子栽种蔬菜。

菜菜子：

喜欢美食，
喜欢在厨房里大显身手，
对亲手种菜非常感兴趣。

Part 1

在家体验种菜的乐趣

盆栽蔬菜

长久以来，只要说到种菜，大家的第一印象是在田地里或自家院子里种菜。如此一来，住在高楼大厦的人们该怎么办呢？其实，盆栽蔬菜也会让你收获新鲜的美味和种植的乐趣。

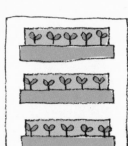

没有院子、田地也可以

没有院子、田地也可以种菜，只要把相应的容器放在阳台上，这里就是你的田地。

培育简单

在院子里或是田地里种菜，需要松土、拔草等，但是盆栽蔬菜会省去许多麻烦。

离厨房近

厨房距离你的阳台有多远？不需10秒就可走到吧？做菜时觉得需要再配个小菜或是需要调个味什么的，只需要走到阳台上就可以了，而且还是最新鲜的。

风景好

阳台上绿色的风景会让人心情舒畅，看着自己培育的东西一天天长大，成就感和满足感也会油然而生。

从种植简单的蔬菜开始

我对盆栽蔬菜很感兴趣，可是会不会很难？

是吗？

当然不会，只要抓住要点。

嗯，西红柿呀，黄瓜呀，能种苦菊就更好了。

嗯！

对呀。首先，你想种什么菜？

这样啊！

这样啊！

很好，种植比较简单的蔬菜适合初学者。先从简单的开始，你才会体会到其中的乐趣，慢慢喜欢上它的。

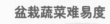

盆栽蔬菜难易度

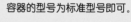

小萝卜好可爱啊！

简单的
栽培时间较短，工序较少，所用容器的型号为标准型号即可。

菠菜

小萝卜

洋葱

苦菊

中等和稍难的
栽培时间较长，要好好浇水、追肥，要掌握一定的技巧，容器要大型或深型的。

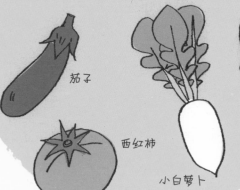

茄子

西红柿

小白萝卜

青椒

挑战稍难等级的蔬菜时，可以买菜苗而不是种子，从菜苗开始栽培会比较容易一点。

13

我家的阳台可以吗？

Q **不是朝南的阳台可以吗？**

朝南或朝东的阳台阳光充足，对植物来说比较理想，但是，朝北的阳台怎么办呢？没关系，一些蔬菜没有充足阳光也可以茁壮成长。

这些蔬菜有

噢！

需要充足阳光的植物

黄瓜

茄子

南瓜

西红柿

没有充足阳光也可以茁壮成长的蔬菜

姜

茼蒿

油菜

菠菜

墙壁式阳台

栽培喜阳蔬菜但阳台是墙壁式的，光照时间较短，可以将容器放在台子上。墙壁式阳台通风较差，可在菜盆下垫竹板，防止湿气，以预防害虫和疾病。

栅栏式阳台

光照和通风都较好，但若是高层公寓之类风会过大，可在植物受风侧立板，也可罩纱布。

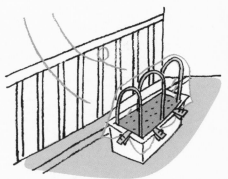

夏季阳台过热

夏季光照强烈，阳光经混凝土反射，阳台里过热，植物会受不了，可在菜盆下垫竹板。阳光过强，可罩纱布防止过度照射。

和田地里种植不同，盆栽的蔬菜可以移动。根据不同的季节、天气移动菜盆，趋阳避阳，选择自由。

选择合适的容器

最重要的是大小

一般情况下，容器越大，栽培蔬菜越容易，但是太大的容器放了土之后太重，移动不方便。所以，要选择大小合适的容器。

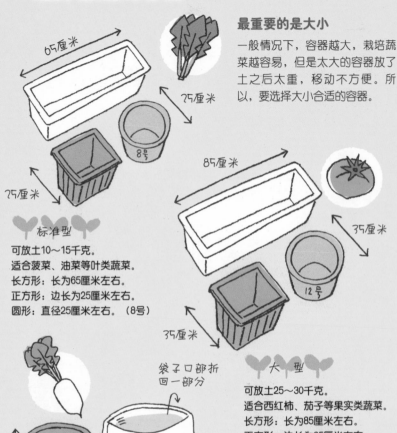

🌱 **标准型**

可放土10～15千克。
适合菠菜、油菜等叶类蔬菜。
长方形：长为65厘米左右。
正方形：边长为25厘米左右。
圆形：直径25厘米左右。（8号）

🌱 **大·型**

可放土25～30千克。
适合西红柿、茄子等果实类蔬菜。
长方形：长为85厘米左右。
正方形：边长为35厘米左右。
圆形：直径为35厘米左右。（12号）

🌱 **大·深型**

深度在30厘米以上。
适合土豆、小萝卜等根部为食用部位的蔬菜。
也可使用塑料袋或麻袋。

袋子口部折回一部分

如果是塑料袋，底部要有排水孔

菜盆　　袋子

圆形容器的"号"是什么?

号数×3厘米=直径，
8号的直径为24厘米，
12号的直径为36厘米。

8×3=24厘米

8号

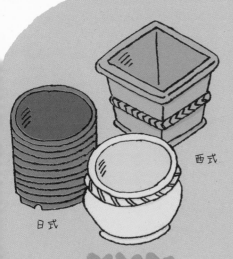

特色容器

如果想让种植更有情趣，可以挑选一些外形漂亮的容器。栽种手法不同，容器材质的选择上也会不同。选择适合自己的一款吧。

西式

日式

素烧盆和土陶花盆

通气性好，适合栽种蔬菜。

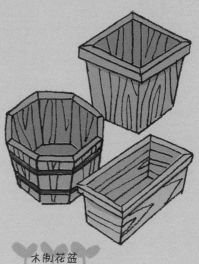

木制花盆

适合风格贴近自然的阳台。通气性好，但是水容易干，要勤于浇水。

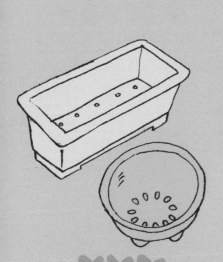

塑料制花盆

轻巧且价格便宜。
水分保持较好，不需要多次浇水。
因湿气重，植物根部易腐烂，所以最好在容器下垫竹板。

栽种蔬菜的工具

若想长期栽培蔬菜，最好准备一些
用起来顺手的工具。

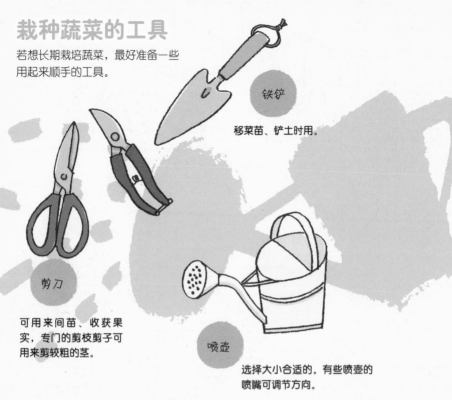

铁铲

移菜苗、铲土时用。

剪刀

可用来间苗、收获果
实，专门的剪枝剪子可
用来剪较粗的茎。

喷壶

选择大小合适的。有些喷壶的
喷嘴可调节方向。

让你的种植更加便利的工具

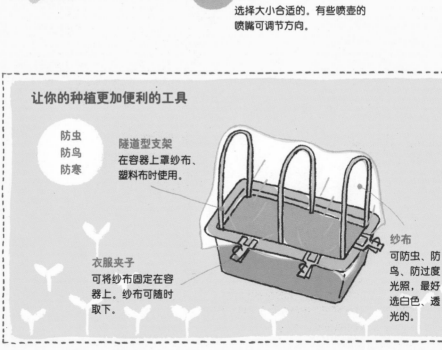

防虫
防鸟
防寒

隧道型支架
在容器上罩纱布、
塑料布时使用。

纱布
可防虫、防
鸟、防过度
光照，最好
选白色、透
光的。

衣服夹子
可将纱布固定在容
器上。纱布可随时
取下。

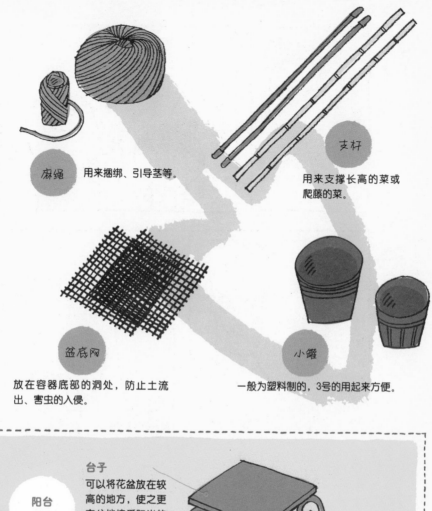

麻绳 用来捆绑、引导茎等。

支杆

用来支撑长高的菜或爬藤的菜。

盆底网

放在容器底部的洞处，防止土流出、害虫的入侵。

小罐

一般为塑料制的，3号的用起来方便。

阳台环境

台子
可以将花盆放在较高的地方，使之更充分地接受阳光的照射，也会使阳台更立体。

竹板
防止湿气，也可遮挡夏季过于强烈的阳光。

掌握种植时间

明天我要种植西红柿、苦菊和洋葱！

噢，喜欢西红柿、苦菊和洋葱是吧。

是的！

哎？

选的蔬菜很好，但是明天种，有点不合适。

现在是春天，洋葱适合8月种植。

那得夏天了？

对，遵守种植时间，蔬菜才会好吃。

明白了！

每种蔬菜的种植时间请参考本书第42页起。

种植规划

首先要确认蔬菜的种植和收获时间，
例如西红柿、苦菊和洋葱要参考以下时间。

标准容器

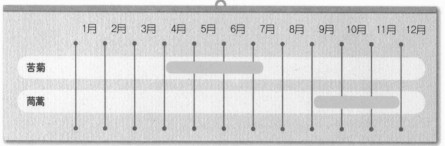

	1月	2月	3月	4月	5月	6月	7月	8月	9月	10月	11月	12月
苦菊				■■■■■■■								
茼蒿									■■■■■			

大型容器

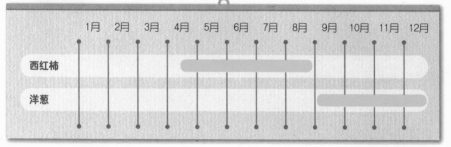

	1月	2月	3月	4月	5月	6月	7月	8月	9月	10月	11月	12月
西红柿				■■■■■■■■								
洋葱									■■■■■■			

一开始不要种太难的，可以一次只尝试1~2种。

哦，茼蒿要在苦菊之后呀。

打造漂亮阳台

垫板、花格架、台子等不仅会改善蔬菜的光照效果，
而且还会让你的阳台更有层次感。
你可以选择清新淳朴的乡村风格，
也可以统一成白色，打造北欧风格。

空调室外机等建议罩着木制罩子。

铲子、喷壶等使用完后可直
接放在阳台上，也是一种随
意、写意的风格。

快乐种菜的要点

从选土开始

什么土是好土？

①通气性好
可为蔬菜根部有效输送空气和水。

②排水性好
如果土难以干燥，根部易处于缺氧状态，容易腐烂。

③有一定的保水性
如果土壤排水性过强，容易造成土壤干燥，所以应选有适当保水性的土壤。

④弱酸性
一般的蔬菜都比较喜欢弱酸环境。

买土

市面上出售的优质土，有些已经配置好腐叶土、肥料等，可直接使用。
包装上有"适合作物"，要仔细确认，也要看清楚是否已经调至弱酸环境。

自己配土

种菜时间长了，你可以根据所种蔬菜的种类试着配土。以赤玉土为主，再添加其他土类调节通气性和排水性。

自配土的成分比例

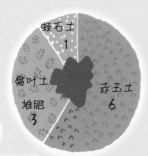

叶类蔬菜
（茼蒿、油菜等以叶子为食用部位的蔬菜）

蛭石土 1
腐叶土
堆肥 3
赤玉土 6

果实类蔬菜
（茄子、西红柿等以果实为食用部位的蔬菜）

蛭石土 1
腐叶土
堆肥 4
赤玉土 5

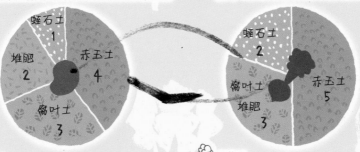

薯类

蛭石土 1
堆肥 2
赤玉土 4
腐叶土 3

根菜类
（萝卜等以根部为食用部位的蔬菜）

蛭石土 2
腐叶土
堆肥 3
赤玉土 5

赤玉土
排水性、通气性、保水性都优质的火山土。栽培土以赤玉土为主。

腐叶土
植物枝叶在土壤中经过微生物分解发酵后形成的营养土。通气性、保水性、保肥性较好。

堆肥
树皮、牛粪等有机物经过发酵形成。

蛭石土
蛭石是矿物质之一，蛭石土具有质轻、通气性、保水性、保肥性好的特点。

认识肥料

适期、适量

对于植物来说，肥料就相当于人的粮食，没有粮食难以茁壮成长。
正如暴饮暴食对身体不好，营养不够也不利于健康，施肥也要注意适量和适期。

追肥
在植物成长的过程中施加的肥料。肥料容易流失，盆栽植物应注意及时追肥。

基肥
栽培前混合在土里的肥料（市面上出售的栽培土有些已经配好基肥）。南瓜、豆类等要控制基肥的量，否则茎、叶过分生长反而不利于果实的生长。

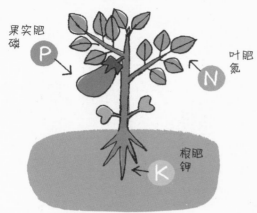

果实肥
磷
P

叶肥
氮
N

根肥
钾
K

肥料的三大营养素

肥料里有三大不可缺少的元素：氮（N）、磷（P）、钾（K），分别促进植物的叶、果实、根的生长发育，也被称为"叶肥""果实肥""根肥"。

初学者可选择化学肥料

对于初学者来说，选择复合肥料比较易于使用。肥料的包装上若写着"N:P:K=8:8:8"，表示100克肥料中含氮、磷、钾各8克。成分均衡的复合肥料具有时效性，且成分率较低，适合盆栽植物。

主要肥料的种类和使用方法

复合肥料	如果"8:8:8"的肥料，基肥：1千克土配置3~6克肥料。追肥：请根据具体蔬菜（参照本书第42页及之后）决定。
液体肥料	液体肥料具有时效性，兑水后施肥，也起到浇水的作用。
石灰	与酸性土壤有中和作用。作为基肥使用，1千克土配置3克肥料。

装土

土和肥料配置完毕后，将土放入容器。容器的形状、蔬菜的种类虽有不同，但步骤都大致如下。

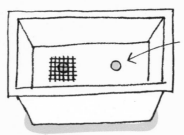

将盆底网剪成大于盆底洞的大小

1 将盆底网放置在盆底洞上，防止土的流出和害虫的侵入。

2 在盆底铺一层石头。

3 将准备好的土放入，放到距盆边约2~3厘米高，使土在浇水时不至于溢出。

4 轻轻摇动容器，使土均匀、上部较平。

将土放入罐中

有的种植方法是先将种子撒入小罐里，培育成苗后再移入大的容器里。这比直接将种子撒在大的容器里培育更容易管理，建议培育期较长的蔬菜采用这种培育方式。

1

准备3号小罐，在罐底放入盆底网。

2

将土放入，土距罐边1～2厘米。

3

轻轻摇晃小罐，使土均匀、表层平整。

移苗

用手指夹住苗下端，注意不要使随根一起的土块碎掉。

选苗、种子

分辨好苗

种菜分两种：从种子开始培育和从苗开始培育。从苗开始培育方便省事，从种子开始培育则能体会到绿芽破土而出的那份感动和喜悦。种子和苗的好坏事关收获的好坏，现在开始培养你的眼力吧。

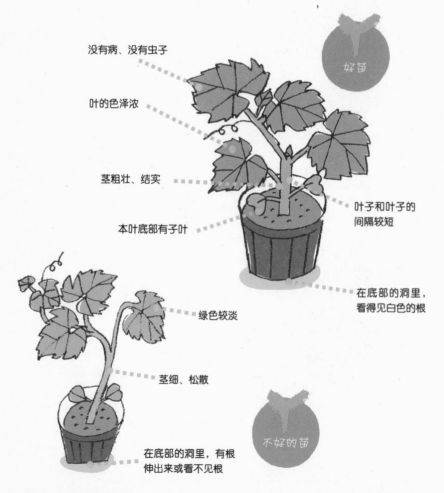

没有病、没有虫子

好苗

叶的色泽浓

茎粗壮、结实

叶子和叶子的间隔较短

本叶底部有子叶

在底部的洞里，看得见白色的根

绿色较淡

茎细、松散

不好的苗

在底部的洞里，有根伸出来或看不见根

选择种子的关键

光看种子有点难分辨，可以看包装上的标记。

包装上也写着栽种时期，要选择适合所在地气候的种子。

买种子的地方

种子放在屋外，易受风吹日晒，对种子不好，应该避免在这样的地方买种子。

· 种子公司是否值得信赖
· 是否标明发芽率
· 是否在有效期内

种子的保存方法

没用完的种子可和点心之类用生的干燥剂一起放入塑料袋里密封，再放入冰箱保存。

注意有效期，尽量在有效期内将其用完。

浇水的要点

什么时候浇水？

水和肥料一样，过多对植物不好。
一般是土层表面干了以后浇水，定
期查看，觉得湿度不够时浇水，浇
到容器底部有水流出来为止。

用喷壶调节水

浇水一定要柔和，使水呈喷洒状落下来。
在种子发芽前或苗尚小时，喷壶的口向上，防止对
种子、小苗冲击过大，枝繁叶茂后喷壶口向下，直
接浇到植物底部。

发芽前
苗尚小时

枝繁叶茂后

不同的季节不同的浇水时间

夏天，尽量在早晨太阳尚未升高前或傍晚浇水，中午浇水容易使植物腐烂，但是在植物正极度干燥时可随时浇水。

冬季的早晨和傍晚后水温较低，不适合浇水，应该选择天气较好的上午。

忘记浇水时

多日没浇水，土过干，再浇水难以短时间全部浸入时，可在土里扎开一个个小孔，再浇水，但要注意不要伤到植物的根部。

但这只是应急措施，干燥对植物很不好，尽量做到定期浇水。

疾病、害虫的处理

尽量在蔬菜得病、有虫子前做好预防工作。

预防工作

①使用排水性好的土

湿气是疾病的根源，配制新土时应予以注意。

循环利用土时则要彻底消毒（参照本书第38页）。

②通风性要好

阳台通风性不好时，要关注植物叶子是否过密，剪去多余的叶子。

③光照好

光照是植物健康成长必不可少的条件。

④拔掉得病的植物

有些病是病毒引起的，一株得了会传染给另一株，所以要及时拔掉。

减少虫害

①罩纱布

在容器上罩纱布，可防止害虫的入侵。

②发现后立即去除

发现叶子有被吃的痕迹或有粪便的痕迹要加倍注意，仔细观察，发现虫子后用夹子类等捉住扔掉，越早去除越能减少危害。

使用杀虫剂时，最好戴上口罩、手套和眼镜。

疾病、虫害较严重时

有些人觉得使用杀虫剂有害健康，有些杀虫剂是天然的，用天然物质制成，也用于无农药栽培当中，可以适当使用。

BT杀虫剂

可杀死青虫等特定的虫子，对人体没有危害。

Garden Safe

用淀粉和椰子油制成的药剂，可以直接喷在植物得病的地方和害虫上。

认识疾病、害虫

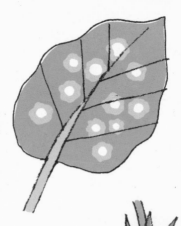

白粉病

因干燥或肥料过多导致，是一
种经常见到的病，叶子表面起
白斑，像洒了面粉一样。

灰霉病

茎、叶、花、果实等出现灰色的
霉状物，因浇水过多或通风差导
致。

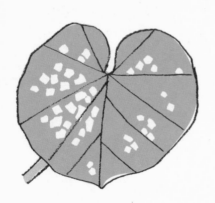

霜霉病

叶子出现黄色的斑点，因氮素
肥料使用过多或通风较差导
致。

白锈病

叶子上出现白色的斑点，因过
湿导致，可改变容器的放置场
所或剪除多余叶子，改善通风
条件。

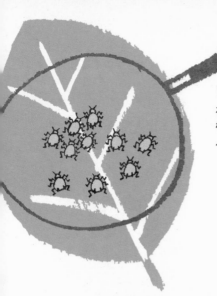

蚜虫

在多种蔬菜上寄生，吸取嫩叶、嫩枝的水分。可罩纱布，防止蚜虫侵入。

小菜蛾

喜欢十字花科蔬菜，吃叶、茎。可罩纱布，防止入侵，发现后应立即捉除。

黄条叶蚤

啃食菜叶，使菜叶出现很多小孔，幼虫食根。

夜盗虫

夜间活动，食较嫩的花、叶。发现后应立即捉除。

土的循环利用

不重复使用

一种蔬菜收获后，使用同一种土继续栽种其他植物对植物的成长不好，但扔掉又浪费，这里介绍土的循环利用。

1 将土放在托盘上，铺平，晒干，放入筛子里筛，去掉较粗的根、茎等。

米糠

2 加入米糠等有机质肥料，量为土的10%，洒适量水。

3 放入塑料袋，封口，在向阳处放置1~2个月。

1:1　培养土　+　复合肥料

石灰

4 将步骤3中的土和新的培养土各一半混合，再加入适量复合肥料和石灰（可参照本书第27页）。

盆底的石头怎么办？

如果直接使用，容易滋生病原菌。
土用筛子筛过后，将石头与根、茎
分出来，用水洗干净，晒干。

容器直接使用吗？

容器最好洗一次再使用，记住用前
要晒干，尤其是木制容器容易腐
烂，一定要在光照好的地方晒。

接着种下一种蔬菜。

体验混作

混作指的是不同的植物放在一起种植，
可相互促进生长发育、减少虫害。
感兴趣的人不妨试一试。

豆科×非葫芦科

豆科植物根部的根瘤菌有固氮
作用，促进其他植物的生长。

紫苏×西红柿

紫苏的香味和抗菌成分
可抑制西红柿虫害。

紫苏和西红柿搭配，
美味无比！

快乐种菜·果实类

茄子 (茄科)

种类丰富，是餐桌上不可缺少的传统蔬菜。

栽培到收获 所用时间 **6个月**
难易度 ★★

START

收获时间：从初夏到晚秋

可以从种子开始，但比较花时间，初学者最好还是从栽培菜苗开始。

茄子生长的适宜温度为25～28℃，7月下旬～8月上旬安排剪枝可以品尝到秋茄子。

栽培事项

栽培季节：春季
容器型号：大型
光照要求：好

START

植苗

1. 选苗

所选菜苗应该整体结实，有7～8片本叶，叶子色泽浓绿，带花或花蕾。

2. 挖洞

将土放入大型容器，挖一个洞。

花蕾

本叶有7～8片，色泽浓绿

叶子和叶子之间间隔短

茎粗

看得见白色的根

3. 植苗

用手指夹住苗底部，将小罐倒过来，取出菜苗，将菜苗放入挖好的洞里，将周围的土盖上，轻轻压一压。

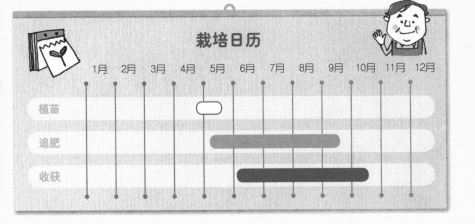

栽培日历

	1月	2月	3月	4月	5月	6月	7月	8月	9月	10月	11月	12月
植苗												
追肥												
收获												

4. 立支杆

准备一根60厘米左右长的支杆,插入容器中,距菜苗5厘米,用麻绳将茎和支杆轻轻捆绑。

5. 浇水

土层表面干了以后要马上浇水。浇到从容器底部有水流出来。

主枝

2周后

第一个侧芽

花蕾

第二个侧芽

去侧芽、立支杆、追肥

1. 去侧芽

出现第一朵花后,留下花下最近的2个侧芽,其余的侧芽全部摘掉。

去侧芽选择在晴天进行,将叶子根部的侧芽用手指掰掉,或用剪刀剪掉。

43

2. 立杆

选一根长为120厘米左右的支杆,插入菜苗旁边,选择适合间隔,用麻绳捆绑。

3. 追肥

每隔2周追一次肥,一次10克左右,大约用手抓一把的量。

6周后

收获最初的果实

为了让菜株更好地吸取营养,最开始的果实要早点摘取,大小在10厘米以内。用剪刀从蒂上端轻轻剪取。

快乐 种菜 诀窍

花是晴雨表

❌ 雄蕊比雌蕊长

水或肥料不足

○ 雌蕊 雄蕊

健康状态

看茄子花就可以大致明白其健康状况如何,雄蕊比雌蕊长的话表示健康状态不佳,可能是水分或肥料不足,也可能是有害虫,视具体状况追肥或浇水等。

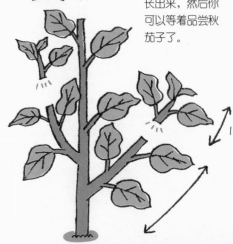

8周后

收获

茄子光泽好时，用剪刀从蒂上部剪取。也可以将收获期提前几天，在茄子有手掌大时剪取，茄子会香嫩可口。

怎样吃更可口？

用保鲜膜包起来，放在冰箱保存可保持新鲜度。水分较多的蔬菜注意不要冷冻。

保鲜膜

2～3周后

剪枝

7月下旬~8月上旬，将旧的枝减去，会有新的枝长出来，然后你可以等着品尝秋茄子了。

1/3

每枝减去1/3，一枝留大约3片叶子。

青椒·辣椒

（茄科）

营养丰富，新鲜的绿色诱发人的食欲。

| 栽培到收获 | 所用时间 | 4周 |
| 难易度 | ★★ | |

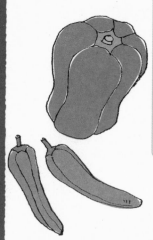

START

植苗

1. 选苗
本叶大约有7～8片，有花蕾，结实，根部土块厚实。

有花蕾

本叶
大约有7～8片

有子叶

根部发达

蔬菜 小 知识

辣椒的种类

彩椒也是辣椒的一种，颜色有红色、橙色、黄色、白色、紫色等，比普通辣椒的栽培季节要长，肉厚，味甜，深受人们喜爱。

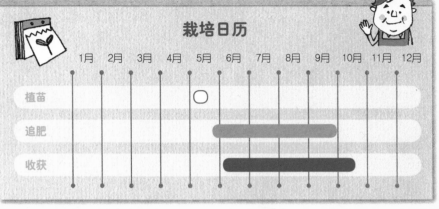

栽培日历

	1月	2月	3月	4月	5月	6月	7月	8月	9月	10月	11月	12月
植苗					○							
追肥												
收获												

2. 挖洞

将土放入容器中，在中间挖洞。

3. 植苗

用手指夹住菜苗，从小罐中取出，放入洞中。

4. 立支杆

将支杆小心插入土中，注意不要伤到根部，用麻绳与菜苗轻轻捆绑。

5. 浇水

浇水，浇到有水从容器底部渗出。

2周后

去侧芽·立支杆

主枝
↑

花蕾

第一个侧芽
↑

第二个
侧芽
↑

1. 去侧芽

第一朵花开后，将其下最近2个侧芽留下，即只留下主枝和2个侧芽3枝，其余侧芽全部摘去。

2. 立支杆

找一根长为120~150厘米左右的支杆插入容器中，在距苗底部20~30厘米处用麻绳捆绑。原来的支杆保持不变即可。

为了防止雨水从芽口处灌入，去侧芽要选择在晴天进行。

辣死了！

栽培期较长的辣椒要定期施肥，否则会很辣。

3周后

追肥

出现小果实时，追肥。轻轻抓一把(10克)撒入。以后每隔2周追肥一次。

收获最初的果实

果实到4～5厘米时收取，较早收取有利于后面的果实更好地成长。

收获

青椒、辣椒等长到5～6厘米时收获，早些收取可减小辣椒株的压力。

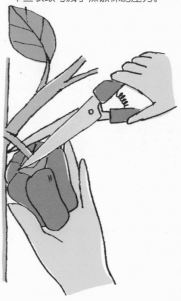

蔬菜 小 知识

怎样吃更可口?

收获后马上装入塑料袋，并放入冰箱，可存放2个星期。焯过后冷冻，可放置1个月。

放入冷冻室　　放入蔬菜室

切成轮

切成条

有人不喜欢青椒的青草味儿，可以将切成轮的切法改成切成竖条。

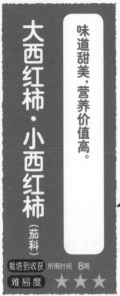

大西红柿·小西红柿 〔茄科〕

味道甜美，营养价值高。

| 栽培到收获 所用时间 | 8周 |
| 难易度 | ★★★ |

关键是授粉

谚语说，"西红柿红了，医生的脸绿了"，指的是西红柿营养价值高，对人身体好。小西红柿比大西红柿更容易栽培，适合初学者。选择排水性好的土和光照好的地方，然后需要注意最初的花的授粉。

栽培事项

栽培季节：春季
容器型号：大型
光照要求：好

START

植苗

1. 选苗

本叶有7~8片，茎粗壮、结实。

2. 挖洞

将土放入容器中，中间挖洞。

有花蕾

叶子和叶子之间紧密

本叶有7~8片

有子叶

根部发达

嫁接处

嫁接的苗抗病性强，虽然较贵，但是比较适合初学者。

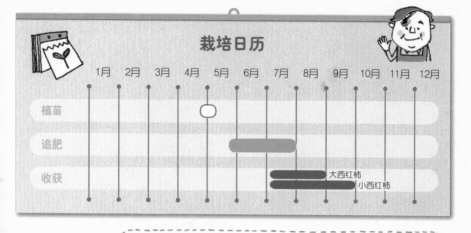

栽培日历

	1月	2月	3月	4月	5月	6月	7月	8月	9月	10月	11月	12月
植苗				○								
追肥						▬▬▬						
收获						▬▬▬▬ 大西红柿						
						▬▬▬▬ 小西红柿						

3. 植苗

用手指夹住菜苗，从小罐中取出来，放入洞中。

为什么最初的花的授粉很重要?

如果最初的花不授粉，就光长茎，不结果。轻轻摇动花房，进行人工授粉。

快乐 种菜 诀窍

4. 立支杆

选取一根70厘米长的支杆，插入土中，注意不要伤到根部。用麻绳与茎轻轻捆绑起来。

嫁接的苗，嫁接处不要用土埋上。

51

去侧芽要在晴天进行，将叶子根部的小芽掰掉。

1周后

去侧芽

将所有的侧芽去掉，只留主枝。

3周后

立支杆·追肥

1. 立支杆

选3根2米长的支杆，插入容器中，从上部捆绑。

2. 追肥

第一个果实大约长到手指大小时，施肥10克，与土混合，以后每隔2周追肥一次。

快乐 种菜 诀窍

果实有裂缝怎么回事?

熟了的果实出现裂缝是受了雨淋，内部膨胀导致的。

将容器移至不会受雨淋处可避免裂缝。

怎样更好吃?

收获后马上放入冰箱,可存放2~3天。也可冷冻起来,然后浇水去皮做成西红柿酱。

冷冻室

收获

西红柿红了之后从蒂部上端的茎处剪断。

收获大西红柿

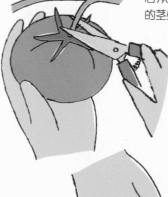

收获小西红柿

剪枝

长到和支杆一样高时,将主枝上端剪去,让其停止生长。

刚摘下来的西红柿味道非常的纯正,甘甜可口。如此美味的西红柿,只有在自己家的菜园里才能体会得到。

大西红柿在开花后60天可收获,小西红柿在开花后只要45天就可收获。

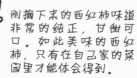

黄瓜

（葫芦科）

生长迅速。

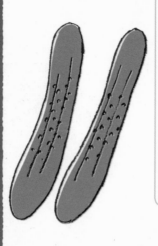

栽选到收获 所用时间 **4周**

难易度 ★★

勤于浇水是关键

植苗后1个月左右即可收获。适宜温度为18~25℃，不耐寒，春天要等气温回升后再栽培。
生长需要大量的水和肥料。果实过熟，皮会变硬，口感下降，应早些摘收。

栽培事项

栽培季节：春季
容器型号：标准型或大型
光照要求：好

购苗时，选择嫁接品和比较省事，黄瓜的嫁接品和抗寒性、抗病性都较好。

嫁接处

START

植苗

1. 选苗
本叶有3~4片，色泽好，苗结实。

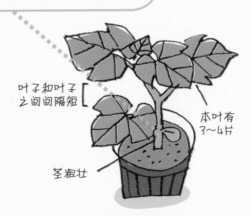

2. 挖洞
将土放入容器中，在中间挖洞。

叶子和叶子之间间隔短

本叶有3~4片

茎粗壮

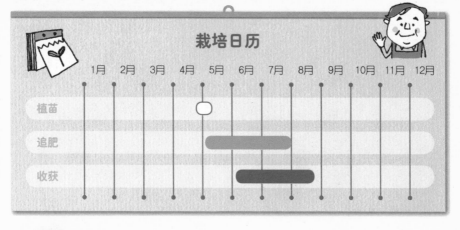

栽培日历

	1月	2月	3月	4月	5月	6月	7月	8月	9月	10月	11月	12月
植苗					○							
追肥						━━━━━━━━						
收获							━━━━━━━					

3. 植苗

用手指夹住菜苗，从小罐中取出，放入洞中，盖土，轻轻按压。如果是嫁接品种，嫁接处要露在土外。

4. 立支杆

插入支杆，注意不要伤到根部。

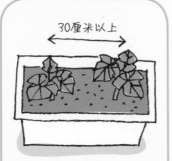

30厘米以上

一个容器栽培2株或2株以上的苗，苗和苗之间要保持30厘米以上的距离，以防止相互之间影响生长。

1周后

立支杆·追肥

1. 立支杆

根部发育、蔓生长后，选择3根支杆，等间隔插入，在上部捆绑。

2. 引蔓

用麻绳将蔓与支杆捆绑，要适当宽松，可缠8字型。使主蔓向上生长。

原来的支杆

3. 追肥

抓10克化肥撒在根部，与土混合，以后每2周撒一次化肥。

花开后一周就可收获。

4周后

收获

第一茬的果实在长到15厘米时收获，可使原株更好地生长。往后的果实在长到18~20厘米时收获。

黄瓜弯曲怎么回事？

黄瓜弯曲是由于肥料不足、高温等原因所致，不过，弯曲的黄瓜并不比直的口味差。如果想培育直的黄瓜，要认真浇水、施肥。

快乐种菜诀窍

剪枝

长到和后来插的支杆一样高时，将主枝上部剪掉，使侧芽生长。

剪枝应在晴天进行，以防止被雨淋。

主枝

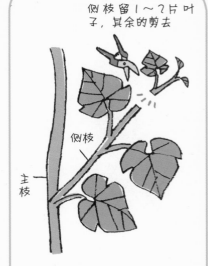

侧枝留1~2片叶子，其余的剪去

侧枝

主枝

剪枝可增加收获。植物易往顶芽输送营养，将顶端的芽摘去，让侧芽吸取更多的营养。

蔬菜 小 知识

怎样吃更可口?

黄瓜的成分大部分是水，保存时要避免干燥，可装入塑料袋内，然后放入冰箱，最好在2~3天内食用完。黄瓜不耐低温，放入冰箱冷藏时，要放在专用的蔬菜室里，以免黄瓜被冻坏。

小南瓜

（葫芦科）

种类多，生命力强，易培育。

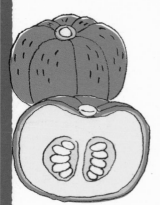

栽培到收获 所用时间 **8周**

难易度 ★ ★ ★

喜温植物小南瓜

小南瓜大约重400~600克。南瓜的种类很多，不过培育方式大致相同，进口南瓜与本地南瓜的培育方式略有不同。南瓜生命力顽强，喜阳，要避开潮湿的环境。

栽培事项

栽培季节：春季
容器型号：大型
光照要求：好

START

植苗

1. 选苗

品种不同，栽培方法也略有不同。蔓长的瓜需要较大的栽培面积，请根据自己的情况选择。

2. 挖洞

将土放入容器中，在中央挖较大一点的洞。

蔬菜 小 知识

南瓜的种类

我们现在常吃的南瓜主要有两种：一种是甘甜的，另一种是面的。进口南瓜外表凹凸，质黏。葫芦瓜也分好多种。在西方，万圣节时，人们用南瓜做成各种各样的南瓜灯。

欧美南瓜

日本南瓜

锦香栗

黑皮南瓜

葫芦瓜

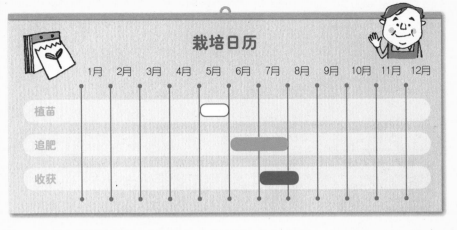

栽培日历

	1月	2月	3月	4月	5月	6月	7月	8月	9月	10月	11月	12月
植苗					▭							
追肥						▬▬						
收获							▬					

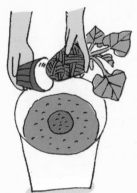

3. 植苗
用手按住苗底部，从小罐里取出，注意保持根部土的完整。埋土，轻轻按压。

蔓开始生长后，立支杆引枝蔓，可节省培育空间，也使南瓜表皮很干净。

3周后

去侧芽

如果是小南瓜，留下主枝和2个侧枝，其余的芽去掉。

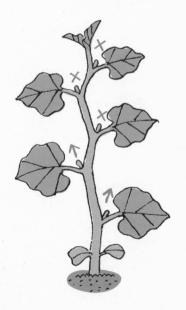

59

4周后

人工授粉

1. 摘雄花
花开后，将雄花摘下，去掉花瓣，留下花蕊。

人工授粉时，最好在雄花开花当日的上午10点左右进行。

2. 授粉
将雄花贴近雌花授粉。

带很小的果实的花是雌花

快乐 种菜 诀窍

必须人工授粉吗？

雌花如果不授粉，就会光长蔓不结果。虽然蜜蜂等也可授粉，但是考虑到阳台的局限性，人工授粉可确保授粉成功。

蜜蜂授粉

光长蔓、不结果时怎么办？

出现这种现象，很可能是氮肥施用过多所致，南瓜要选氮元素较少的肥料，也要控制基肥的使用。

快乐 种菜 诀窍

变换容器的地点，使南瓜表面
受光均匀。

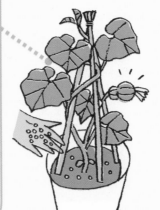

6周后

追肥

最初的果实渐
渐变大时，一
次施肥10克，
与土混合。以
后每隔2周追
肥一次。

8周后

收获

开花40～45天后就到了收获期。
熟了的南瓜蒂部变成木质，皮变硬。

蒂变成木质

蔬菜 小 知识

怎样吃更可口？

南瓜摘取后，放置一段时间让甜味增
加再吃，会更可口。请选择通风、光
照好的地方放置5天左右，即可增加
它的甜味。
未切开的南瓜放置1～2个月，营养、
口感不会有差别。

好极了

蚕豆（豆科）

甘甜，新鲜。

栽培到收获	所用时间 28周
难易度	★★

撒种时期很重要

蚕豆营养丰富，尤其富含维生素B₁、维生素B₂。

一般秋季播种，需要越冬。豆荚如果由朝上变成向下且沉甸甸的，便是成熟了。

栽培事项

栽培季节：秋季
容器型号：大型
光照要求：好

START

播种

准备3号小罐，放入土，将蚕豆黑线处斜向下放入土中，不要全埋了，让一小部分露在上边。

黑线斜向下

从黑线处发芽。

一个小罐放2粒。

10月下旬～11月下旬播种。苗长到20厘米后比较不耐寒。

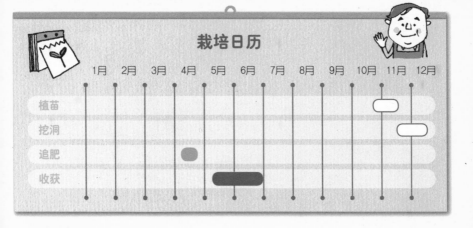

栽培日历

	1月	2月	3月	4月	5月	6月	7月	8月	9月	10月	11月	12月
植苗												
挖洞												
追肥												
收获												

3周后

植苗

1. 间苗

叶子长到2~3片时，在2个小苗中挑选长势不好的拔掉。

2. 挖洞

将土放入容器中，挖洞，栽培2株以上时，株间距保持在30厘米左右。

30厘米

3. 植苗

用手指夹住小苗，从小罐里取出，放入洞中，浇水。

气温较低时，生长很缓慢，请耐心浇水等待。

63

13周后

立支杆

1. 立支杆
选一根长为1米左
右的支杆，插在
容器边缘，将内
部围起来。

2. 拴绳
用麻绳将每根
支杆缠绕。

3. 引茎
用麻绳将茎引向
较近的支杆，可
选择8字型缠绕
方法。

23～24周后

剪枝·追肥·
埋土

1. 剪枝
长到40～50厘米
时，1株选取较
粗的茎留下3～4
根，其余的剪
掉。

2. 追肥·埋土
施肥20克。可埋
一些土，使茎向
中间靠拢。

初夏，朝向天空的豆荚慢慢下垂，等豆粒饱满时便成熟了。

26～27周后

剪枝

长到60～70厘米并且开花后，将茎上部剪掉，以促进果实成长。

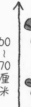

60～70厘米

28～30周后

收获

豆荚背部变成褐色时，从豆荚根部用剪刀剪取。

蔬菜 小 知识

怎样吃更可口?

与空气接触口感会变，将整个豆荚放入塑料袋，封口，放入冰箱，最好在4～5天内吃完。

用开水焯，放盐，带皮吃也很香。

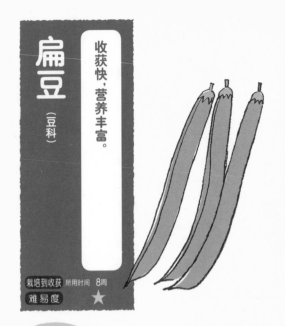

扁豆

（豆科）

收获快，营养丰富。

栽培到收获 所用时间 8周

难易度 ★

干燥 早些摘取

分带蔓的和不带蔓的两种，这里推荐栽培期在60天左右不带蔓的扁豆，适宜气温在20度左右，喜阳。

不喜酸性土壤，也要避免施肥过多，果实早些摘取吃起来更可口。

栽培事项

栽培季节：春季
容器型号：标准型或大型
光照要求：好

START

播种

1. 挖洞
将土层表面弄平，挖深约2厘米、直径约5厘米的洞。

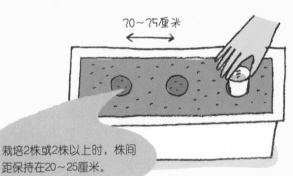

20~25厘米

栽培2株或2株以上时，株间距保持在20~25厘米。

2. 撒种
1个洞里放3粒种子，种子和种子不要重合。

3. 盖土
在种子上盖土。浇水，种子发芽前保持土壤湿润。

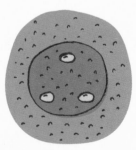

盖的土是种子的2~3倍

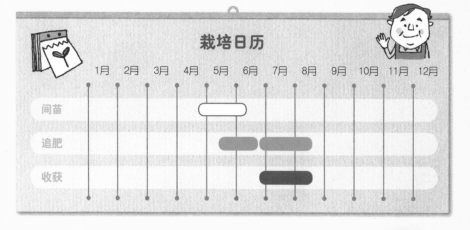

栽培日历

	1月	2月	3月	4月	5月	6月	7月	8月	9月	10月	11月	12月
间苗												
追肥												
收获												

2周后

间苗

1. 剪苗

当叶子长到2~3片时，从3株小苗里选择最弱的剪掉，留下2株。

连根拔起可能会伤到其他的苗根，最好用剪刀剪掉。

快乐 种菜 诀窍

怎样防鸟?

嫩芽是鸟的至爱，可以罩纱布以保护嫩芽。

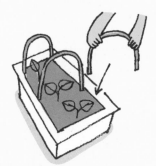

67

2. 培土

培土，防止
小苗倒掉。

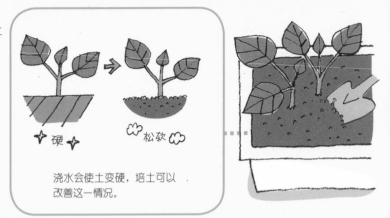

硬

松软

浇水会使土变硬，培土可以
改善这一情况。

3周后

立支杆·追肥

1. 立支杆

不带蔓的扁豆可以
不立支杆，如果是
风较强的环境，为
使苗不倒，可以简
单插杆。

2. 引茎

用麻绳将茎引
向支杆，要适
当宽松，可选
择缠绕8字型。

3. 追肥

当苗长到20厘米
时，一株施肥10
克，与表层的土
轻轻混合。

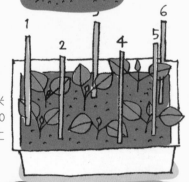

每株苗一根支杆。

如果花蕾遭雨淋,花粉难以形成。有花蕾后,注意雨天要挪至避雨处。

收获

开花后15天左右可收获。在尚不太成型时收获,扁豆香嫩可口,如果收获晚了,扁豆会变硬。

蔬菜 小 知识

怎样吃更可口?

收获后马上吃最理想,也可以装入塑料袋放在冰箱保存,最好在3~4天内吃掉。

也可以焯水后,冷却,用保鲜膜包了冷冻。

收获期中隔2周追一次肥。

毛豆 (豆科)

与啤酒搭配口味绝佳，具有护肝作用。

栽培到收获 所用时间 12周
难易度 ★★

低温、高温都可栽种

适应性强，是易栽种的豆类。
生长较快的从播种到收获需80天左右。
基肥里氮元素过多不利于果实的形成，应予以注意。要放在光照好的地方，认真浇水。

栽培事项

栽培季节：春季
容器型号：大型
光照要求：好

START

播种

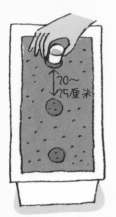

1. 挖洞
将土层表面弄平，挖深约2厘米、直径约5厘米的洞。

20~25厘米

2. 撒种
一个洞里放3粒种子，种子之间不要重合。

蔬菜 小 知识

大豆和毛豆的区别?

毛豆是大豆较嫩时摘取的，比大豆含的维生素C更丰富，即大豆是老的毛豆。
另外，黄豆芽是发芽状态的大豆。

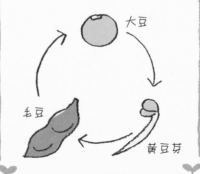

大豆

毛豆

黄豆芽

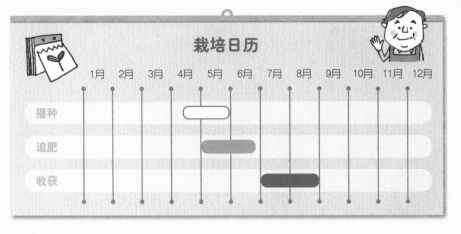

栽培日历

	1月	2月	3月	4月	5月	6月	7月	8月	9月	10月	11月	12月
播种				▭								
追肥					▬▬							
收获							▬▬					

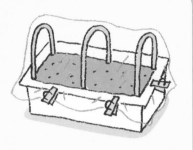

种子发芽后，为避免被鸟啄食，可罩纱布。

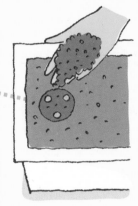

3. 盖土

在种子上盖土约2厘米。浇水，保持土湿润，直到发芽。

2周后

间苗

当叶子长出来后，将生长较弱的一株剪去，一个洞剩2株，用手轻轻按压。

如果罩着纱布，当叶子长出来后去掉纱布。

如果毛豆比较茁壮，
减少施肥也可。

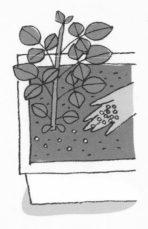

3～6周后

追肥

1. 追肥(2次)
播种后3周施肥一次，花开后6周再施肥一次。一株施肥4克，撒在底部，与土混合。

2. 培土
往根部培土到子叶的部位。

开花时，易受臭大姐侵扰，可再次罩纱布。

为什么花会枯萎?
一般由水不足所致。开花时期要大量浇水，这个时期土壤湿润与否直接关系到将来的果实是否饱满。

快乐种菜诀窍

追肥
（第三次）

一株施肥4克，撒在底部，与土混合。

开始长出小的豆荚

蔬菜 小 知识

怎样吃更可口？

不要将豆荚从枝上摘下来，即煮的时候带着枝一起煮，也要注意不要煮过度了。

生的毛豆保质期较短，可以略煮一下，然后用保鲜膜包起来冷冻。

带枝一起放入锅中

12周后

收获

播种80天后可收获，从底部用剪刀剪断。

嘭！

捏豆荚时，如果有豆蹦出来为毛豆已成熟。

草莓

(蔷薇科)

酸甜可口，样子可爱。

栽培到收获 所用时间 **27周**

难易度 ★ ★

生性娇弱，需精心护养

适宜温度为17~20℃。不耐干燥，即使是休眠期的冬季也不要忘了浇水。
高温多湿易得白粉病和灰霉病，要注意通风。

栽培事项

栽培季节：秋季
容器型号：标准型
光照要求：好

草莓苗易感染病毒，选择脱毒草莓苗比较保险。

START

植苗

1. 选苗

叶子光泽好，齿冠（叶子根部膨胀起来的部分）粗壮。

选择齿冠粗壮的

2. 挖洞

将土放入容器中，挖洞。一个标准容器中放入3株正合适，株距为25厘米左右。

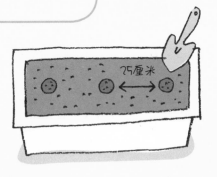

25厘米

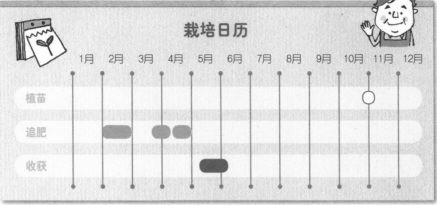

栽培日历

	1月	2月	3月	4月	5月	6月	7月	8月	9月	10月	11月	12月
植苗										○		
追肥		▬	▬	▬								
收获					▬							

3. 植苗

用手按住草莓苗下部，从小罐中取出来，放入洞中，埋土，土略盖住齿冠部分，用手轻压，浇水。

齿冠

14周后

追肥（第一次）

一株施肥10克，撒在草莓苗底部，与土混合。

17周后

去除枯叶

当新芽长出后，将枯叶除去，这时如果开的花不结果请摘除。

爬行茎的对侧

草莓通过爬行茎的生长来繁殖新茎，果实在爬行茎的对侧。植苗时，最好统一不同草莓苗的爬行茎的方向。

追肥

(第二次) · 铺草

1. 追肥

3月下旬~4月上旬
开花后,每株施肥
10克,撒在底部,
与土混合。

昆虫类虽然会为草莓自然授粉,但是最好轻轻摇动草莓苗,确保授粉。

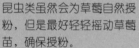

2. 铺草

最初的果实长出来时,可以在底部铺草或铺一层锡纸。

浇水时,注意不要浇到花上。

为什么铺草?

铺草可防止土壤干燥,还可以防止果实接触泥土腐烂。

快乐
种菜
诀窍

蔬菜 <small>小</small> 知识

怎样吃更可口?

草莓被水淋过后容易腐烂,不马上吃的草莓不要洗。另外,去掉蒂部后水分易蒸发,新鲜度会下降。保存草莓时,将草莓平摆在盘子里,不要重叠,盖上保鲜膜,放入冰箱,可保存3天。

怎么吃呢?……♡

25周后

追肥(第三次)

一株施肥10克,撒在底部,与土混合。

27周后

收获

开花后1个月即可收获,果实变红,用剪刀从蒂部上端一颗颗剪取。

快乐厨房·芽苗菜

什么是芽苗菜？

芽苗菜指的是把刚发的芽作为食用部分的蔬菜，如豆芽。芽苗菜可室内栽培，从播种到收获只需一周左右。

营养丰富、种类多

芽苗菜富含维生素和矿物质，越来越受到人们的青睐。

培育萝卜苗

需要准备的东西

容器
碗、杯子或空瓶子等底部平的容器，使用前要用开水消毒。

种子
白萝卜种子，不需要用药剂处理过的菜园蔬菜种子，而是用作芽苗菜的种子。

铺的东西
海绵（煮沸消毒），烹饪纸。

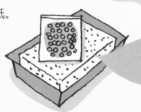

若买了专门的栽培器具，里边会包含这些东西。

开始

将萝卜种子仔细清洗，去掉杂物，用水浸泡一晚。

2天后

在容器底部放海绵（或烹饪纸或栽培工具里的泡石），撒满种子。

浇清水，每天浇两遍。放在光照不到的黑暗的地方。

第七天

撒种后一周，放在有光照的地方，让其接受光照。

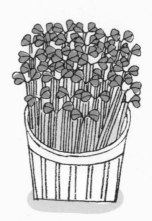

第九天

当子叶变绿之后，用剪刀剪取。

培育豆芽

需要准备的东西
广口瓶 种子 纱布 橡皮圈

纱布
橡皮圈

水
种子

开始
在瓶子里放少量种子，倒入相当于种子5倍的水，在瓶子口裹纱布，用橡皮圈扎紧，放置一晚。

2天后
不去掉纱布，将瓶子倒过来，将水倒掉，再往瓶子中注水2~3次，清洗种子，再将水全部倒掉，放在光照不到的地方。

第三天
开始长出芽来。
一天浇水2次，并且马上将水倒掉，每天这样直到可以收获。

第六天
一个星期左右可以收获。

生菜

（菊科）

香脆可口，沙拉极品。

栽培到收获 所用时间 4周

难易度 ★

光照不可过多

栽培后30天左右即可收获，生性顽强，抗寒、抗暑性都强，不需要太多的照顾。

但是，光照不要过多，因其生长旺盛，光照过多会使生菜抽薹，叶子变硬，所以夜间不要放在有灯光的地方。

栽培事项

栽培季节：春、秋季
容器型号：标准型
光照要求：好

START

植苗

1.选苗
选择色泽好、长势良好的苗。

2.挖洞
将土放入容器中，挖洞。如果种植2株或2株以上，株间距保持在20厘米左右。

20厘米

天啊！

抽薹

抽薹是指植物因受到温度和日照长度等环境变化的刺激，随着花芽的分化，茎开始迅速伸长，植株变高的现象。生菜光照时间过长，会发生抽薹现象，茎部顶端开花，茎徒长，叶子变硬。所以，夜间要将生菜放到光照不到的地方。

快乐种菜诀窍

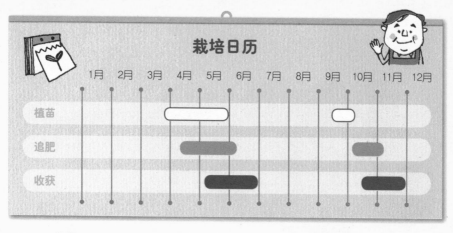

栽培日历

	1月	2月	3月	4月	5月	6月	7月	8月	9月	10月	11月	12月
植苗				■■■■	■■■■				■			
追肥				■■■						■■		
收获					■■■■					■■		

3. 植苗

用手压住菜苗底部，从小罐中取出，放入洞里，尽量放浅一点，用手轻压，浇水。

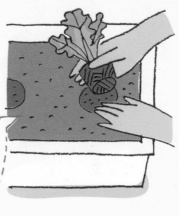

放浅一点

叶子颜色不好，可能是肥料不足所致，多施一些氮素肥料。

2周后

追肥

施肥10克，撒在底部，与土混合。

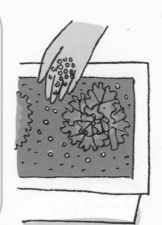

83

4周后

收获

菜株直径到25厘米时即可收获。

用剪刀从外叶开始剪取，可剪取整株，也可剪取当下要吃的部分。

马上到收获的时间了！

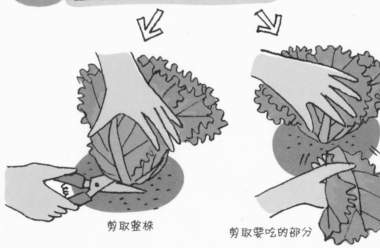

剪取整株

剪取要吃的部分

怎样吃更可口？

生菜搁置后口感会变差，剪下来的生菜尽量一次吃完。另外，用铁菜刀切生菜，生菜接近刀口的地方会变色，尽量用手撕。

如果要保存，则应要甩干水分，装入塑料袋里，放入冰箱，并尽快食用完。

蔬菜 小 知识

生菜的种类

生菜按叶的生长状态区分，有散叶生菜
和结球生菜，前者叶片散生，后者叶片
抱合成球状。

相对于散叶生菜，结球生菜栽培略难，
从栽培到收获需60天左右，我们这里所
讲的生菜是散叶生菜。

散叶生菜按色泽和形态，还可分成许多
种。还有将不同色泽和形态的生菜种子
放到一起，培育出混合生菜。

散叶生菜(绿色)

常见的生菜，可生吃，也可炒熟了吃。

散叶生菜(红色)

颜色鲜艳，阳台会因此漂亮许多。

莴苣叶子生菜

韩国料理用来包肉吃。

西生菜

从植苗到收获只要30天。可用来
做沙拉或夹在三明治中。

茼蒿

（菊科）

略带苦味，涮锅不可或缺。

栽培到收获 所用时间 **5周**
难易度 ★

START

播种

1. 造壕

在土层表面做深约1厘米、宽约1厘米的小壕。

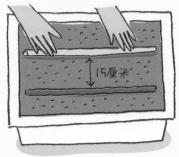

15厘米

1厘米

2. 撒种

隔1厘米撒一粒种子。

茼蒿种子喜光，盖土要轻，使种子半隐半现。

3. 盖土

抓土轻轻盖在种子上，轻压，浇水。

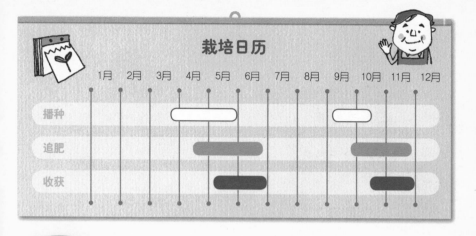

栽培日历

	1月	2月	3月	4月	5月	6月	7月	8月	9月	10月	11月	12月
播种				▭▭					▭			
追肥				▭▭▭					▭▭			
收获					▭▭					▭▭		

2周后

间苗（第一次）

1. 拔苗

当子叶展开、叶子长出1～2片时，间苗，将弱小的菜苗拔去，使苗之间相隔3～4厘米。

3~4厘米

2. 培土

间苗结束后，为防止留下的菜苗倒下，要往菜根部位适当培土。

好香啊！

5~6厘米

这时，茼蒿已经散发出特有的香味了。

3周后

间苗（第二次）· 追肥（第一次）

1. 拔苗

当叶子有3～4片时，拔苗，使苗之间相隔5～6厘米。

2. 追肥

施肥10克，撒在底部，与土混合。

3. 培土

为防止留下的菜苗倒下，适当培土。

5周后

间苗兼收获·追肥（第二次）

1. 间苗

当叶子长到6~7片时，可部分收获，使苗之间的距离为10~15厘米。从菜株底部剪取。

2. 追肥

施肥10克，撒在空隙处，培土。

快乐 种菜 诀窍

吃不完怎么办?

剪下来的茼蒿吃不完，可以作为初春的花来装饰屋子。
在西欧，人们栽培茼蒿做观赏用，其花像雏菊。

剩下的不要忘了施肥，2周一次。

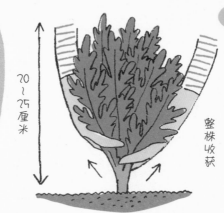

收获

长到20～25厘米后可收获，可以整株拔起，也可将主枝剪去，使侧芽生长。

整株收获

20～25厘米

剪去主枝

主枝

侧芽

侧芽

20～25厘米

下边留下2～3片叶子，将主枝剪去。

侧芽长到一定程度后，也可留2～3片叶子，收获主枝。

怎样吃更可口？

用冷水洗后控干水装入塑料袋，放入冰箱。

茼蒿易坏，暂时不吃的部分略煮一下放入冰箱冷冻。

放入冷冻室

放入蔬菜室

蔬菜 小 知识

青梗菜 （十字花科）

叶肉厚，美味的中国蔬菜。

勤于浇水和注意害虫

抗寒、抗暑性都很强，除了冬季较冷的时候，其余时间都可栽种。比较不耐旱，所以要勤于浇水。容易受害虫侵扰，对害虫要格外留心。生长速度较快，不要错过收获时机。

栽培事项

栽培季节：春、秋季
容器型号：标准型
光照要求：好

栽培到收获 所用时间 6周
难易度 ★

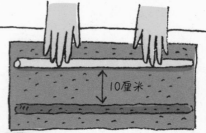

START

播种

1. 造壕

将土层表面弄平，制造深约1厘米的小壕，壕间距为10厘米。

10厘米

使用细长的木棒等东西比较容易。

2. 撒种

每隔1厘米放一粒种子，注意种子之间不要重合。

好挤呀！

放太多种子，将来菜苗过挤，不容易间苗。

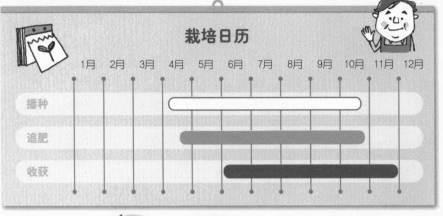

栽培日历

	1月	2月	3月	4月	5月	6月	7月	8月	9月	10月	11月	12月
播种				████████████████████████████								
追肥					██████████████████████████							
收获					████████████████████████							

3. 盖土
轻轻盖土，
浇水。

1周后

间苗（第一次）

1. 拔苗
苗差不多都长出来
后，间苗，使苗间
距为3厘米。

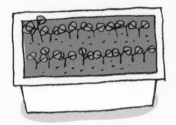

发芽之前，土不要干了。

2. 培土
为使留下的菜苗不倒下，
往苗底适量培土。

2周后

间苗(第二次)·追肥(第一次)

1.拔苗

当本叶长出3~4片时，第二次间苗，使株间距为5~6厘米。

间出来的苗香嫩可口，可用来做沙拉。

2.追肥

施肥10克，撒在壤间，与土混合。

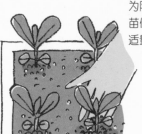

3.培土

为防止留下的菜苗倒掉，往根部适量培土。

快乐 种菜 **诀窍**

菜株不够粗壮

株间距过窄，每株菜苗所得养分少，菜株会变得"苗条"。要通过每次间苗加宽株间距，理想株间距为15厘米左右。

子叶

叶和叶不碰到

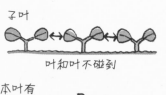

本叶有3~4片

5厘米

以后随时间苗

15厘米

4周后

间苗（第三次）· 追肥（第二次）

1. 拔苗
菜株底部逐渐变粗，第三次间苗，使株间距为15厘米左右。

2. 追肥
施肥10克，撒在垄间，与土混合。

3. 培土
为防止菜苗倒地，适量培土。

蔬菜 小 **知识**

怎样吃更可口？

青梗菜搁置后口感容易变差，收获后应该尽快吃完。
如果要保存，用保鲜膜包起来或装入塑料袋，放入冰箱冷藏。

6周后

收获

菜高约15厘米后可收获。
从底部用剪刀剪取。

如果收获晚，叶肉口感会变差

油菜

（十字花科）

营养丰富、适合阳台栽培。

栽培到收获 所用时间 **5周**

难易度 ★

注意害虫

油菜生性顽强，半天光照即可。撒种时，注意不要过密。另外，需注意害虫侵害，可罩纱布预防。

栽培事项

栽培季节：春、秋季
容器型号：标准型
光照要求：半天即可

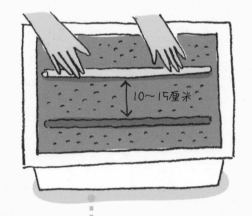

START

播种

1. 造壕

将土层表面弄平，造深约1厘米、宽约1~2厘米的小壕，壕间距为10~15厘米。

10~15厘米

前面介绍过将种子撒在壕里的播种方法，采取此播种方式时，注意不要撒种过密、种子重合，否则将间苗会困难。

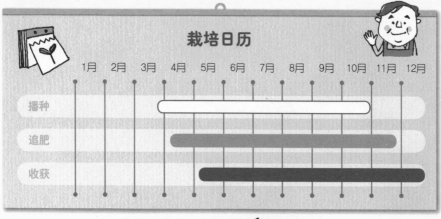

栽培日历

	1月	2月	3月	4月	5月	6月	7月	8月	9月	10月	11月	12月
播种												
追肥												
收获												

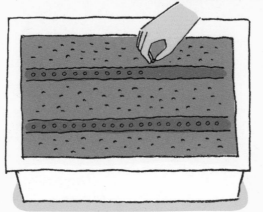

2. 撒种
每间隔1厘米放
一粒种子。

油菜易招虫子，可以罩纱布
以防虫害。

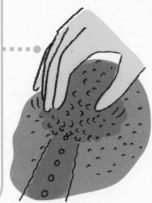

3. 盖土
轻轻盖土，浇
水，发芽之前不
要让土干了。

间苗

1. 拔苗

油菜发芽后，将发育不太好的菜苗用两手指捏住拔掉，使株间距为3厘米左右。

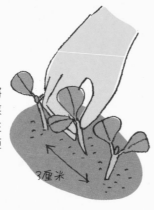

3厘米

2. 培土

为防止留下的菜苗倒掉，适量培土。

2周后

追肥（第一次）

1. 追肥

当本叶展开2~3片后，施肥10克，撒在壕间，与土混合。

添加物

放入汤里

间出来的菜苗可以作为芽苗菜放入料理中。

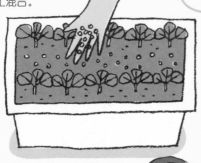

注意不要施肥过多，如果生长比较好，追肥一次即可。

2. 培土

将混了化肥的土培到株底。

蔬菜 小 知识

怎样吃更可口?

直接保存易变质,大量收获后可以热水焯过再冷冻保存。焯过后,注意要控干水分。可以分成小份,用保鲜膜包后再放人密封袋里,放入冰箱冷冻。

放入冷冻室

3周后

追肥(第二次)

当长到10厘米后,在壕间施肥10克,与土混合。

5周后

收获

当长到25厘米后,可收获,用剪刀从底部剪取。油菜过大,口感会变差。

春、秋季播种30~40天可收获,夏季播种一个月即可收获。

苦菊（十字花科）

可生吃也可熟吃，口感清脆。

栽培到收获 所用时间 5周
难易度 ★

小株种植

按种植方法，可分为小株种植、中株种植和大株种植，盆栽适合小株种植。苦菊不耐旱，要勤于浇水。光照半天即可，也可光照更长的时间。可罩纱布以防止虫害。

栽培事项

栽培季节：春、秋季
容器型号：标准型
光照要求：半天即可

START

播种

1. 造壕

将土层表面弄平，造深约1厘米、宽约1～2厘米的小壕，壕间距为15厘米左右。

2. 撒种

每隔1厘米放一粒种子，种子不要重叠。

3. 盖土

轻轻盖土，浇水，发芽前保持土壤湿润。

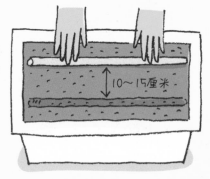

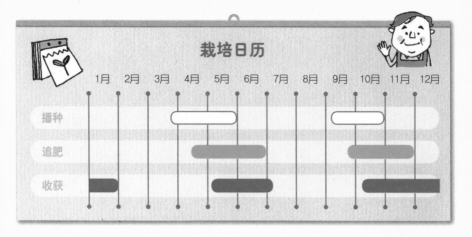

栽培日历

	1月	2月	3月	4月	5月	6月	7月	8月	9月	10月	11月	12月
播种				▬	▬	▬			▬	▬		
追肥					▬	▬				▬	▬	
收获	▬				▬	▬					▬	▬

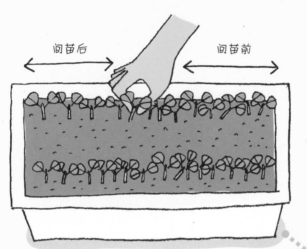

间苗后 ← → 间苗前

1周后

间苗

1. 拔苗

当小苗都长出来后，将发育较差的用手指捏住拔掉。株间距为3厘米左右。

2. 培土

为防止留下的菜苗倒掉，在根部适量培土。

盐

橄榄油

胡椒粉

做成沙拉

间出来的苗可作为芽苗菜放入料理中。

3周后

追肥（第一次）

1. 追肥

当本叶长出3片后，施
肥10克，撒在壕间，
与土混合。

夏季的苦菊易招虫害，可以罩纱
布。

2. 培土

往菜苗根部适量培上混有肥料的土。

日本的丸叶生菜是苦菊吗?

日本的丸叶生菜与苦菊很相
像，只是叶子较圆，有时会被
混淆。

蔬菜 小 知识

收获·追肥
（第二次）

1.收获兼间苗

当长到20～25厘米时，可收获兼间苗，使株间距为30厘米。剩下的苦菊会长成大株。

这之后根据需要收获。

2.追肥

给剩下的苦菊提供必需的养料，撒10克化肥在垄间，与土混合。

蔬菜 小 知识

怎样吃更可口？

干燥会使苦菊发蔫，可用报纸包裹后装入塑料袋里，并放入冰箱的蔬菜室里保存。尽量在2～3天内吃完。

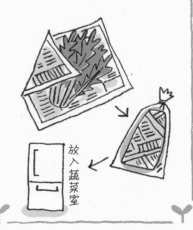

放入蔬菜室

苦菊涮锅

长茎西兰花

（十字花科）

茎和花蕾都可食用，由芥蓝和菜花培育而成。

栽培到收获 所用时间 **6周**

难易度 ★

顶花蕾较早收获

抗暑性较强，可在处暑收获。最初长出来的顶花蕾、后来长出来的侧花蕾和茎都可食用。可罩纱布以防止虫害。

较早收获顶花蕾使侧花蕾生长，可生长至12月份。

栽培事项

栽培季节：春、秋季
容器型号：大型
光照要求：好

START

植苗

1. 选苗

选择长势端正、叶子不能有虫子啃食过的痕迹的幼苗。

整体端正结实

本叶有5～6片

根部发达

蔬菜 小 知识

什么是长茎西兰花?

菜花一般只吃花蕾，长茎西兰花的花蕾、茎都很可口，茎比普通菜花的茎软，口味似莴笋。

菜花花蕾的口味 ＋ 莴笋茎的口味

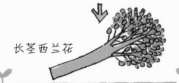

长茎西兰花

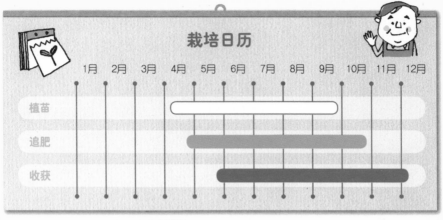

栽培日历

	1月	2月	3月	4月	5月	6月	7月	8月	9月	10月	11月	12月
植苗												
追肥												
收获												

易受害虫侵扰，最好罩纱布。

2. 挖洞
将土放入容器里，所挖的洞比菜苗底部的土块略大。

3. 植苗
用手按住苗底，从小罐里取出，注意不要使根部土块碎掉，放入洞中，轻压，浇水。

2周后

追肥（第一次）

1. 追肥
撒10克肥料，与土混合。

2. 培土
往根部培土，防止菜苗倒地。

收获顶花蕾也有剪枝的作用，可使侧花蕾生长。

6周后

收获顶花蕾·追肥（第二次）

1. 收获顶花蕾（摘花心）
顶花蕾直径约2厘米时可收获。

顶花蕾直径约2厘米时可收获

斜着切茎部不容易坏掉

剪切时，用剪刀或刀子。使用剪刀容易破坏茎部组织，要小心一些。

2. 追肥
施肥10克，
与土混合。

之后每半个月
追肥一次。

蔬菜 小 知识

怎样吃更可口?

长茎西兰花搁置后口感易变差，
应尽早食用。如果要保存，装入
塑料袋后放入冰箱蔬菜室，或焯
过后冷冻。冰箱里可搁置2天，
如果冷冻则可保存1个月。

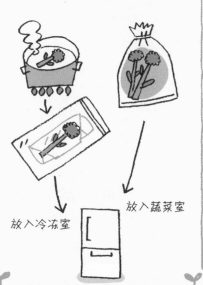

放入冷冻室

放入蔬菜室

8周后

收获侧花蕾

侧花蕾直径为1.5厘米时
可收获，茎长到20厘米时
用剪刀剪取。

15厘米

20厘米

菠菜

（藜科）

可生吃也可熟吃，口感清脆。

栽培到收获 所用时间 5周

难易度 ★

注意温度和光照

较顽强的蔬菜，光照半日即可。性喜凉，要避免夏日栽培。秋季播种较好，寒冷会使甜味增加。夜里受灯光照射易抽薹。

栽培事项

栽培季节：春、秋季
容器型号：标准型
光照要求：半日即可

START

播种

1. 造壕

将土层表面弄平，造壕。

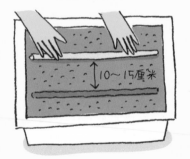

10～15厘米

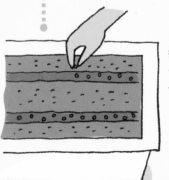

播种前，种子用水浸泡一夜更容易发芽。

2. 撒种

每隔1厘米放一粒种子，种子不要重合。

石灰

菠菜种子在酸性较高的土壤中不易发芽，所以应选用市面上出售的酸度已经调制适当的土壤，或在土壤中多掺些石灰。

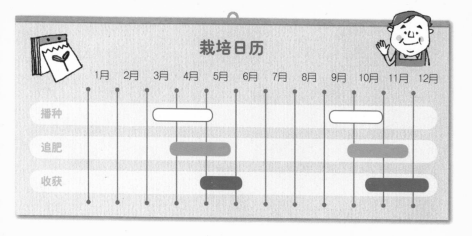

栽培日历

	1月	2月	3月	4月	5月	6月	7月	8月	9月	10月	11月	12月
播种												
追肥												
收获												

3. 培土
适量培土，浇水，发芽前保持土壤湿润。

若要培育大株的菠菜，可第二次间苗，使株间距为5~6厘米左右。

1周后

间苗

1. 拔苗
当子叶长出后，将长势较差的小苗拔去，使株间距为3厘米左右。

2. 培土
为防止留下的菜苗倒掉，往根部培土。

2周后

追肥(第一次)

1. 追肥
当本叶展开2片后，施肥10克，撒在壟间，与土混合。

2. 培土
将混合了肥料的土培向菜苗根部。

光照过长容易抽薹，夜里应该放在灯光照不到的地方，尤其是春季播种时更应注意。

3周后

追肥(第二次)

1. 追肥
当菜长到10厘米时，施肥10克，撒在壟间，与土混合。

2. 培土
将混合了肥料的土培向菜苗根部。

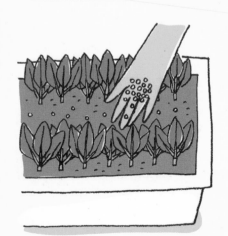

等不及了

这个时候，可间一些苗来吃。

快乐 种菜 诀窍

菠菜的病害

菠菜苗会因过湿而得霜霉病（参照本书第36页），发芽前应保持土壤湿润，但是芽长出来后土壤不能过湿。一般要保持早晨浇的水到傍晚干了。

5周后

收获

长到20~25厘米时可收获，用剪刀从底部剪取。

20~25厘米

收获过晚，菜叶会变硬，口感变差。

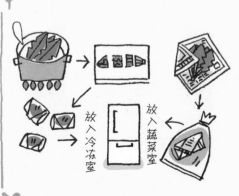

怎样吃更可口？

用报纸包住，防止水分蒸发，装入塑料袋里，放入冰箱蔬菜室。尽量在3~4天内吃完。也可略煮，切成适当大小，用保鲜膜包了，冷冻保存。

蔬菜 小 知识

洋葱 〔百合科〕

促进新陈代谢、血液循环。

栽培到收获 所用时间 **16周**
难易度 ★

从幼苗开始栽培

一般采用从幼苗开始栽培的方法。洋葱秋种春收,家种洋葱可在任何时间收获。洋葱适应性强,栽种失败情况少,适合初学者。

栽培事项

栽培季节:秋季
容器型号:标准型或大型
光照要求:好

START

植苗

1. 选幼苗
选择不带伤、病的幼苗。

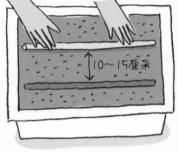

10~15厘米

2. 造壕
将土层表面弄平,造深约1厘米、宽约3厘米的小壕,壕间距为10~15厘米。

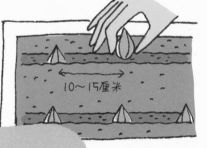

10~15厘米

3. 植幼苗
尖的部分朝上,每隔10~15厘米植一片。

不间苗,植苗时留下足够空隙。

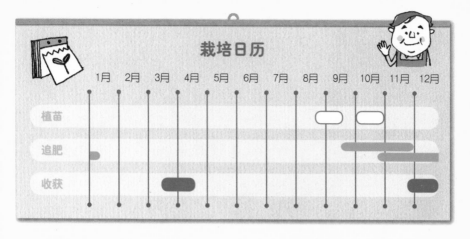

栽培日历

	1月	2月	3月	4月	5月	6月	7月	8月	9月	10月	11月	12月
植苗								▭		▭		
追肥	▬								▬▬▬		▬▬	
收获			▬▬									▬▬

4. 盖土

轻轻盖土，不要全盖了，幼苗的上部留在土外，浇水。

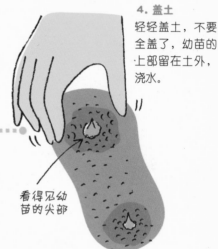

看得见幼苗的尖部

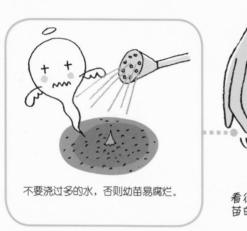

不要浇过多的水，否则幼苗易腐烂。

4周后

追肥（第一次）

1. 追肥
当长到15厘米时，施肥10克，撒在壕间，与土混合。

2. 培土
将混合了肥料的土培向菜苗根部。

追肥（第二次）

1. 追肥

根部膨胀后施肥10克，撒在壕间，与土混合。

2. 培土

碎土，将混合了肥料的土培向根部。

这时，如果有枯叶，用剪刀剪去，否则容易导致病害。

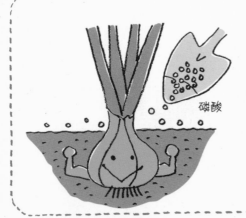

磷酸

洋葱的肥料

洋葱属于对肥料需要较多的蔬菜，特别是出芽后。磷酸短缺，根部难以膨胀，基肥可选择磷酸较多的肥料。

快乐种菜诀窍

收获

叶子倒了后，就可收获，抓住叶子拔出来即可。

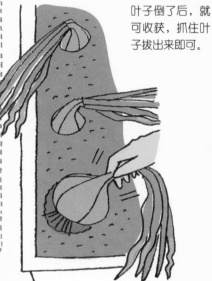

收获的秘诀

叶子倒了8成后，就可收获了。全部倒了后，有的洋葱会发生腐烂现象，另外还易导致洋葱抽薹、开花，口感变差。

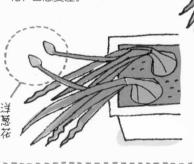

洋葱花

收获后的洋葱应该放在通风良好的地方搁置半天，这样有利于洋葱的保存。

怎样吃更可口？

洋葱应放在干燥的地方保存。可装入网兜里放在通风良好的地方。

另外，可炒成糖色，冷却后，用保鲜膜包了放入冰箱冷冻。

放入冷冻室

蔬菜 小 知识

113

用阳台收获香料植物

面条里不可或缺的罗勒

栽培事项

从栽培到收获所需时间：4周

难易度：★

栽培季节：春季、初夏

容器型号：标准型

光照要求：好

植苗：5月中旬~6月下旬

追肥：6月上旬~9月中旬

收获：6月中旬~10月中旬

START

植苗

挖洞，使株间距在15~20厘米左右，植苗，轻压苗底部，浇水。

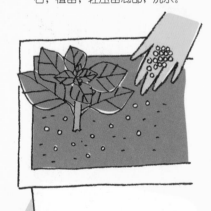

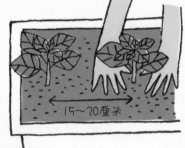

2周后

追肥

施肥10克，撒在株间，往根部培土。

4周后

收获

长到20厘米后，可收获，根据需要摘取叶子。

芝麻菜

栽培事项

从播种到收获所需时间：5周

难易度：★

栽培季节：春、秋季

容器型号：标准型

光照要求：好

春季　播种：4月中旬~6月上旬

　　　追肥：5月上旬~6月下旬

　　　收获：5月下旬~7月末

秋季

　　　播种：9月上旬~10月上旬

　　　追肥：9月上旬~10月下旬

　　　收获：10月上旬~11月下旬

START

播种

造壕2个，壕间距为10~15厘米，每隔1厘米放一粒种子，用手指抓土盖上。

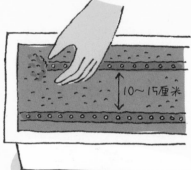

2周后

间苗

当子叶张开后，间苗，使株间距为3~4厘米。

3周后

追肥

当长到7~8厘米后，施肥10克。

5周后

收获

当长到20厘米后，即可收获。用剪刀从底部剪取整株，或根据需要从外侧摘取。

紫苏

栽培事项

从播种到收获所需时间：9周
难易度：★
栽培季节：春季
容器型号：标准型
光照要求：好
播种：4月中旬~6月上旬
追肥：5月上旬~9月上旬
收获：6月中旬~9月末

播种

挖洞，使洞之间间隔20厘米左右。一个洞里撒种7~8粒，盖土，轻压，浇水。

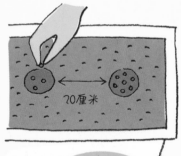

2~4周后

间苗

当本叶长出2片后，开始间苗，当本叶长出4~5片后，1个洞里剩1株苗。

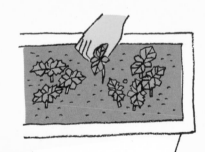

4周后

追肥

1个洞里只剩一株苗后，施肥10克，以后每2周施肥一次。

9周后

收获

从大叶子开始，根据情况收获。

快乐种菜·根菜类

胡萝卜

（伞形科）

蔬菜汁美味无比。

| 栽培到收获 | 所用时间 | 10周 |
| 难易度 | ★ ★ | |

START

注意叶子害虫

发芽前不要过干，收获前不要过湿，另外要定期施肥，注意燕尾蝶幼虫食用叶子。
播种后，一般70天后即可收获。

栽培事项

栽培季节：春、夏季
容器型号：标准型
光照要求：好

播种

1. 造壕

造深约1厘米、宽约1厘米的小壕，壕间距为10厘米。

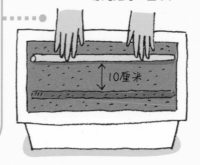

10厘米

为防止干燥，要浇足水。

2. 撒种

每隔1厘米撒一粒种子，种子之间不要重合。

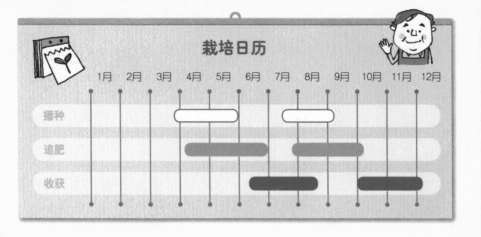

栽培日历

	1月	2月	3月	4月	5月	6月	7月	8月	9月	10月	11月	12月
播种				▭	▭		▭	▭				
追肥				▬	▬		▬	▬	▬			
收获						▬	▬			▬	▬	

胡萝卜种子喜光，土层过厚会影响到发芽。

3. 盖土

盖土，浇水，发芽前保持土壤湿润。

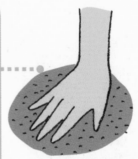

用手轻轻压土，使土和种子贴紧

2周后

间苗·追肥
（第一次）

1. 拔苗

当本叶长出来后，将长势弱的小苗拔去。

3厘米

2. 追肥

施肥10克，撒在壕间，与土混合。

3. 培土
为使留下的菜苗不倒掉，
适量培土。

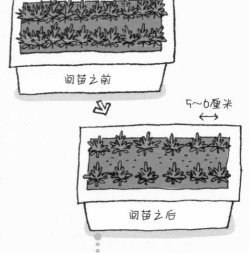

间苗之前

5～6厘米

间苗之后

5周后

间苗·追肥（第二次）

1. 间苗
当本叶长到3～4片时，再次间苗。

2. 追肥
施肥10克，撒在壕间，与土混合。

10厘米

当本叶长到6～7片后，再适当间苗，间距
为10厘米左右。

培土还可防止胡萝卜顶部绿化。

3. 培土
防止留下的
苗倒地，适
量培土。

收获

胡萝卜直径长到
1.5~2厘米后，
可收获。抓住叶
子拔出来即可。

如果收获晚，胡萝卜易出现裂缝。

直径长到约有拇指长

收获前，要保持土壤的干燥，这样胡萝卜更甜，营养更丰富。

叶子营养也很丰富，可以做天妇罗。

怎样吃更可口？

水分易从叶子蒸发掉，保存时切掉叶子，将胡萝卜装入塑料袋，放入冰箱蔬菜室冷藏。如果有水分，胡萝卜易腐烂，要将水分控干、擦净。
也可以切成适当大小，略煮，然后冷冻保存。

放入冷冻室

放入蔬菜室

蔬菜小知识

土豆 (茄科)

易于栽培，吃法多样。

栽培到收获 所用时间 13周
难易度 ★

性喜凉

土豆由种薯发育而成，栽培期间不断加入土，所以容器要选用大的，也可用袋子。
土豆喜欢温凉的气候，高温不利于生长发育。
对土的要求不高，但要注意土壤不可过湿，否则易生病害。

栽培事项

栽培季节：春、夏季
容器型号：大、深型或者袋子
光照要求：好

START

植苗

1. 装土
将土的一半放入容器或袋子里，袋子口部折一部分。

一半

2. 准备种薯
将种薯切开，切时注意芽要分步均匀，切开后每个重约30～40克。

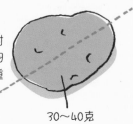

30～40克

装土之前，可以将容器或袋子放在一个带轮子的木板上，这样可以轻松移动，很好地利用光照。

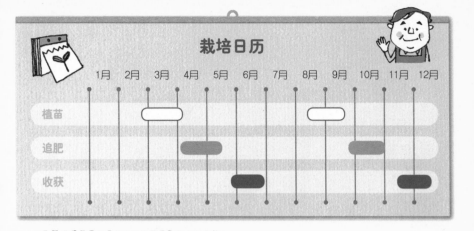

栽培日历

	1月	2月	3月	4月	5月	6月	7月	8月	9月	10月	11月	12月
植苗			▭					▭				
追肥				▬						▬		
收获						▬						▬

快乐 种菜 诀窍

为什么用种薯？

用平时吃的土豆或在菜园栽种的土豆做种，易感染病毒，收获较小。栽培土豆要确认种薯是脱毒的。另外是有芽的。

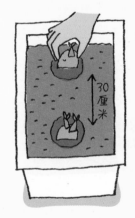

3. 植种薯
将种薯切口向下，放入挖好的洞中。种薯之间的距离为30厘米左右。

30厘米

4. 盖土
盖土，约5厘米。

5厘米

发芽前，保持土壤湿润。

去芽·追肥
加土（第一次）

1. 去芽

当新芽长到10～15
厘米后，将发育较
差的新芽去掉，只
留1株或2株。

用剪刀从根
部剪掉

如果用袋子，将口袋放开一部分，
倒入高10厘米培土。

2. 追肥
按1千克土
配置1克肥
料的比例，
将土和肥
料混合，倒入
容器中，大
约倒5厘米
高，浇水。

8周后

追肥·加土
（第二次）

有花蕾后，和上次
一样追肥、加土。

通过加土，可防止土豆变绿。

NO

收获

茎、叶变黄、干枯后，就到了收获期。拔出茎，土里的土豆也就出来了。

有芽的或绿化的部分含有毒素，不要食用。

最好选择在好天气时收获，将土豆表皮晒干，土豆不容易坏掉。

怎样吃更可口？

土豆是可长时间保存的蔬菜，可用报纸等包住，放在通风良好、没有阳光直射的地方。建议保存时放一个苹果，苹果释放的聚乙烯可防止土豆发芽，有利于土豆的长期保存。

蔬菜 小 知识

白萝卜 (十字花科)

有助于消化，冬季蔬菜的代表。

栽培到收获 所用时间 8周
难易度 ★★★

怕高温,怕害虫

春季和秋季都可播种，但白萝卜性喜冷、凉，怕高温，春季播种容易抽薹，最好秋季播种。
叶子易受蚜虫、小菜蛾侵扰，可罩纱布预防虫害。

栽培事项

栽培季节：春、秋季
容器型号：大、深型或袋子
光照要求：好

START

播种

1. 挖洞

将土层表面弄平，挖深约2厘米、直径约5厘米的洞。

考虑到白萝卜生长后的大小，容器应选择较深的。

15～20厘米

2. 撒种

一个洞里撒5粒种子，种子之间不要重合。

3. 盖土

盖土，轻压，浇水，发芽前保持土壤湿润。

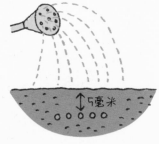

5毫米

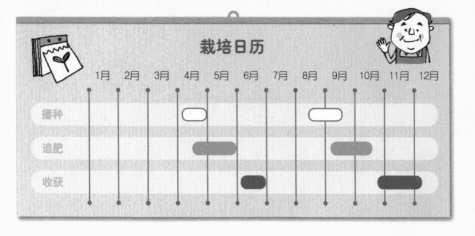

栽培日历

	1月	2月	3月	4月	5月	6月	7月	8月	9月	10月	11月	12月
播种				▭				▭				
追肥					▬▬				▬▬			
收获						▬					▬▬	

2周后

间苗（第一次）

1. 拔苗
当本叶长出来后，间苗。

一个洞里留3株

2. 培土
为防止留下的苗倒掉，适当培土。

快乐 种菜 诀窍

白萝卜"劈腿"怎么办？

如果土里混有石子、土块时，本应该竖直生长的根受到阻碍，很有可能出现"劈腿"现象。

准备土的时候，应该用筛子去掉不需要的东西，把土弄碎。另外，苗受伤也是一个"劈腿"的原因，间苗时应予以注意。

好疼！

间苗（第二次）·追肥（第一次）

1. 拔苗
当本叶长出3～4
片后，间苗，使
一个洞里只剩1株
或2株。

间出来的苗可以用来做蔬菜
沙拉。

2. 追肥
施肥10克，撒
在株根，与土
混合。

3. 培土
为防止留下的
苗倒掉，适当
培土。

5周后

间苗（第三次）·追肥（第二次）

1. 拔苗
当本叶长出5～6片
时，间苗，使一个
洞里只剩下一株。

2株里只剩下1株

2. 追肥
施肥10克，撒在株根，与土混合。

3. 培土
适量培土。

怎样吃更可口？

阴冷、黑暗的地方

带着叶子水分容易蒸发，保存时将叶子切掉，用报纸包起来，放在阴冷、黑暗的地方。
吃了一部分的白萝卜，可用保鲜膜包起来，放入冰箱里，尽量在3~4天内吃完。

8周后

收获
当根的直径为5~6厘米时，可收获，握住叶子慢慢拔出来。

如果难拔，可以先松一下土。

如果收获晚，口感会变差。

小萝卜 (十字花科)

栽培期短。

栽培到收获 所用时间 **4周**

难易度 ★

间苗很重要

比较喜欢冷、凉的环境，冬、夏季不宜栽培，其余时间都可。间苗比较重要。

过干或过湿都不好，可以罩纱布预防虫害。

栽培事项

栽培季节：春、秋季
容器型号：标准型
光照要求：好

START

播种

1. 造壕

将土层表面弄平，造深约1厘米、宽约1厘米的壕。

也可随意撒种，但不能让种子重合。

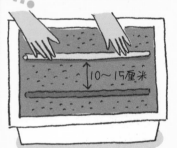

10~15厘米

2. 撒种

每隔1厘米撒一粒种子，种子不要重合。

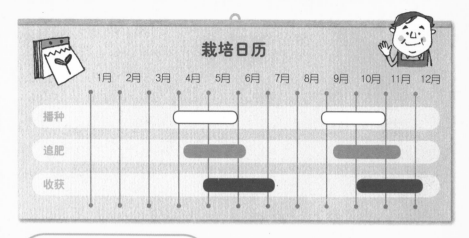

栽培日历

	1月	2月	3月	4月	5月	6月	7月	8月	9月	10月	11月	12月
播种												
追肥												
收获												

如果间苗晚，就会发现光长茎、叶，不长根的现象。间出来的苗也可食用。

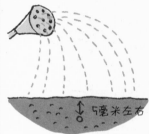

5毫米左右

3. 培土

培土，浇水，发芽之前保持土壤湿润。

3厘米

1周后

间苗

1. 拔苗

当芽长出来以后，将弱小的拔掉，使株间距为3厘米左右。

2. 培土

防止留下的苗倒掉，往根部适量培土，大约到子叶下。

2周后

追肥

1. 追肥

当本叶开出3片后，施肥10克，撒在壕间，与土混合。

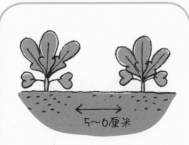

5~6厘米

如果株间距过小，可再次间苗，使株间距为5~6厘米。

白色的

紫粉色的

颜色越来越淡的

种类多，外表漂亮

说起小萝卜，种类数不胜数，长短不一，颜色多样，能够为你的阳台增色不少，请根据自己的喜好选择栽种。

蔬菜 小 知识

2. 培土

将混有肥料的土培向根部。

4周后

收获

当萝卜直径为2厘米左右时，可以收获，抓住叶子拔出来。

蔬菜 小 知识

怎样吃更可口？

小萝卜不易保存，收获后尽量早吃。如果要保存，把叶子切掉，装入塑料袋里放入冰箱，可保存5天左右。

叶子很难保存，收获后最好马上吃完。

如果收获晚，萝卜口感会变差。

小萝卜除了可以做沙拉外，还可以炒、做汤。

大头菜（十字花科）

种类丰富。

栽培到收获 所用时间 **7周**

难易度 ★★★

最好秋季播种

直径为5厘米左右的大头菜栽培时间较短，春、秋两季都可播种，喜冷、凉的气候，不耐干燥，不耐高温。初学者最好选择秋季栽培。

为避免虫害，可罩纱布预防。

栽培事项

栽培季节：春、秋季
容器型号：标准型
光照要求：好

START

播种

1. 造壕

将土表面弄平，造深约1~2厘米、宽约1厘米的壕。

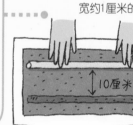

10厘米

为防虫害，可以罩纱布。

2. 撒种

每隔1厘米撒一粒种子，种子之间不要重合。

3. 盖土

盖土，然后浇水。发芽前，保持土壤湿润，

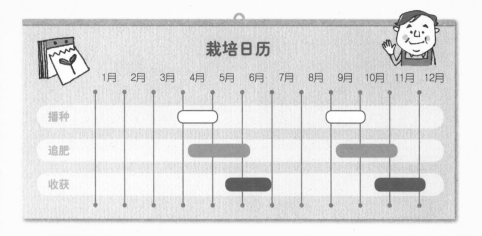

栽培日历

	1月	2月	3月	4月	5月	6月	7月	8月	9月	10月	11月	12月
播种												
追肥												
收获												

1周后

间苗
（第一次）

1. 间苗
当子叶长出来后，将较弱小的苗拔掉。

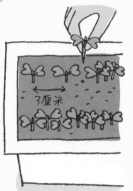

2. 培土
为防止留下的小苗倒掉，适量培土。

2周后

间苗（第二次）·
追肥（第一次）

1. 间苗
当本叶长出3片后，将较弱小的苗拔掉，使株间距为6厘米左右。

2. 追肥

在壑间撒肥料10克，与土混合。

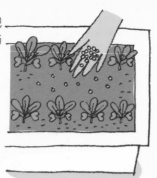

3. 培土

将混了肥料的土培向根部。

间出来的苗可以放入沙拉里。

4周后

间苗（第三次）·追肥（第二次）

1. 拔苗

本叶长出6片后，将较弱小的苗拔去，使株间距为10厘米左右。

如果肥料过多，会导致只长叶子不长萝卜，尤其要注意氮肥不要施太多。

2. 追肥

施肥10克，撒在壑间，与土混合。

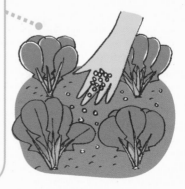

3. 培土
将混了肥料的土培向根部，尽量使萝卜不要露出地面太多。

这个时期，土壤湿度的急剧变化会导致萝卜出现裂痕，要注意定期浇水，防止过度的干燥和潮湿。

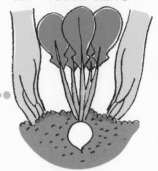

7周后

收获
当根部直径长到5厘米时，可收获，握住叶子拔出来即可。

将叶子切去，装入塑料袋，再放入冰箱，尽量在3～4天内吃完。其实，叶子的营养比萝卜丰富，最好不要扔掉，可用湿的报纸包住，放入冰箱保存。也可用盐水煮一下，冷却后放入冰箱冷冻保存。

5厘米

如果收获晚，萝卜会出现肥大、破裂的现象。

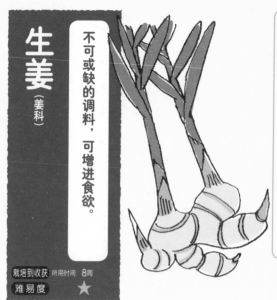

生姜（姜科）

不可或缺的调料，可增进食欲。

栽培到收获　所用时间　8周
难易度　★

保持湿度

生姜有大、中、小三种类型，盆栽适合选择小型的。生姜喜高温多湿，适合密集种植。

有好的光照条件当然很好，如果没有，半天也可以。生姜比较不耐旱，要勤于浇水，也要注意湿气不要太大，否则根部会腐烂。

栽培事项

栽培季节：春季
容器型号：标准型
光照要求：半日即可

START

种植

1. 装土
将准备好的土的一半倒入容器，将土层表面弄平。

2. 准备种姜
将种姜切开，注意使芽分步均匀，切开后每片有芽3个左右。

种姜

种姜指的是去年收获后埋在土里越冬的姜，一般选择饱满、形圆、皮不干燥的姜。
市售的生姜可拿来做种姜。

蔬菜 小 知识

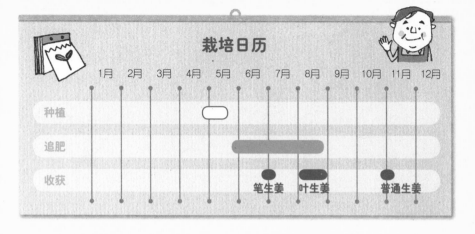

栽培日历

	1月	2月	3月	4月	5月	6月	7月	8月	9月	10月	11月	12月
种植												
追肥												
收获						笔生姜		叶生姜			普通生姜	

3. 种植
将芽朝上，放在容器里，紧密排列。

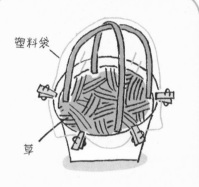

塑料袋

草

如果所处地区较冷，可在土层表面盖草，最好罩上塑料袋。

4. 盖土
在上面盖土，使土层厚3厘米左右。浇水，发芽前土壤保持湿润。

以后每月追肥、培土1~2次。

4周后

追肥·培土

发芽后，施肥10克，与土混合，培向根部。

蔬菜 小 知识

什么是笔生姜、叶生姜?

在日本，较嫩时就收获的生姜指的是笔生姜和叶生姜，和普通的生姜一样食用地下茎部分，不经过任何烹调，直接蘸着酱或甜醋等就可食用。也可用作天妇罗或和肉炒着吃。

8周后

收获（笔生姜）

当叶子长到4~5片时，可以拔起收获。

剥去皮，做成笔的形状

刚收获时

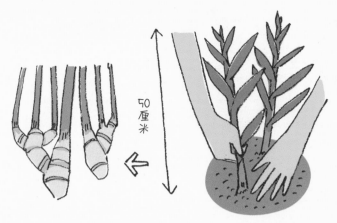

12周后

收获（叶生姜）

8月，当叶子长到
7~8片时可收获。

50厘米

6个月后

收获（普通生姜）

当叶子变黄后，可
收获。可用铁锹刨
出来。

新长的生姜

种姜

种姜可擦碎食用。

怎样吃更可口？

生姜可长期保存。
普通生姜将茎切掉，在常温
条件下即可保存，也可用报
纸包裹后，放在阴冷、黑暗
的地方保存。笔生姜或叶生
姜保留5厘米的茎，用水洗，
晾干，装入塑料袋后放入冰
箱蔬菜室保存。

蔬菜室

阴冷、黑暗的地方

蔬菜 小 知识

141

图书在版编目（CIP）数据

在阳台上种菜/（日）藤田智著；烟雨译. — 杭州：
浙江科学技术出版社，2011.4
ISBN 978-7-5341-4072-3

Ⅰ.①在… Ⅱ.①藤… ②烟… Ⅲ.①蔬菜园艺
Ⅳ.①S63

中国版本图书馆CIP数据核字（2011）第042633号
著作权合同登记号 图字：11-2011-31号

原书名：楽ラク野菜づくり
RAKU RAKU YASAIDUKURI©2009 by Omegasha
All rights reserved.
First published in Japan in 2009 by Futabasha Publishers Ltd., Tokyo.
Chinese translation rights arranged with Futabasha Publishers Ltd.
Through Beijing kareka consultation center.

在阳台上种菜

作　　者	（日）藤田智
译　　者	烟　雨
责任编辑	宋　东　王巧玲　　　封面设计　烟雨
出版发行	浙江科学技术出版社　　地　址　杭州市体育场路347号
电子信箱	E-mail:sd@zkpress.com　邮　编　310006
经　　销	全国各地新华书店
印　　刷	北京和谐彩色印刷有限公司
开　　本	787×1092　1/32　　印　张　4.5
字　　数	100千　　　　　　　版　次　2012年3月第1版
印　　次	2012年3月第2次　　印　数　7001–12000
定　　价	28.00元
书　　号	ISBN 978-7-5341-4072-3

★光明书架经典书畅销书系列

怀斯曼系列（四册）

1.	《怀斯曼生存手册》（最新版）	[英]约翰·怀斯曼 著	35元
2.	《怀斯曼生存手册》	[英]约翰·怀斯曼 著	39元
3.	《怀斯曼生存手册Ⅱ强身手册》	[英]约翰·怀斯曼 著	29元
4.	《怀斯曼生存手册Ⅲ顶级驾驶》	[英]约翰·怀斯曼 著	38元
5.	《灾难自救书》	[英]约翰·怀斯曼 著	36元

艺术家系列（四册）

1.	《五天学会绘画》（赠绘画铅笔和显像板）	[美]贝蒂·艾德华 著	39元
2.	《像艺术家一样思考Ⅱ：画出你心中的艺术家》	[美]贝蒂·艾德华 著	42元
3.	《像艺术家一样思考Ⅲ：贝蒂的色彩》	[美]贝蒂·艾德华 著	39元
4.	《像艺术家一样思考Ⅳ：用右脑绘画》（赠显像板）	[美]贝蒂·艾德华 著	48元
5.	《像艺术家一样思考超值大礼包》	[美]贝蒂·艾德华 著	167元

大众健康系列

1.	《我能让你睡》	[英]保罗·麦肯纳 著	35元
2.	《5天戒烟》	[日]佐佐木温子 著	29元
3.	《国人健康手机号》	胡大一 著	29元
4.	《咖啡无罪的101个理由》	胡大一 著	29元
5.	《休温升高就健康》	[日]石原结实 著	22元
6.	《和红酒一起享用》	[日]值野美枝子 著	24元
7.	《女人问题》	[法]安娜·德·凯尔瓦杜埃 著	38元

私人生活史系列

1.	《私人生活史Ⅰ—Ⅴ》平装	[法]阿利埃斯和杜比 著	340元
2.	《私人生活史Ⅰ—Ⅴ》精装	[法]阿利埃斯和杜比 著	499元

吴若石足健系列（四册）

1.	《吴若石新足部健康法》（赠VCD）	吴若石、郑英吉 著	35元
2.	《吴若石简易足部健康法》（赠按摩棒）	吴若石、郑英吉等 著	35元
3.	《吴若石儿童足部健康法》（赠VCD）	吴若石、郑英吉 著	35元
4.	《吴若石自我按摩法》（赠多功能按摩球）	吴若石、郑英吉 著	35元

绘本系列

1.	《好喜欢你》	[日]竹本圣 著	22元
2.	《祝贺你》	[日]竹本圣 著	24元
3.	《你最重要》	[日]竹本圣 著	24元
4.	《哪个的哪个呢》（三册）	[日]岩井俊雄 著	30元
5.	《爱：一个9岁丑女孩的心情日记》	[美]吉安·贝多尼、洛威·希芙 著	45元
6.	《我想亲你一下，可以吗？》	[意]大卫德·卡利、[法]塞吉·布罗什 著	28元

王晨霞系列（四册）

1.《王晨霞说寿》（修订版）	王晨霞 著	39元
2.《王晨霞掌纹诊病治病》（赠VCD）	王晨霞 著	39元
3.《手会说话：掌纹与心理自测》	王晨霞 著	39元
4.《跟着太阳养生》（赠VCD）	王晨霞 著	39元

姜淑惠医师健康之道系列（五册）

1.《这样吃最健康》	姜淑惠 著	22元
2.《这样养育孩子最健康》	姜淑惠 著	26元
3.《姜医师的餐桌》	姜淑惠 著	29.8元
4.《善待癌症最健康》	姜淑惠 著	24元
5.《点石成金健康法》	姜淑惠 著	即出

大便书系列

1.《大便书》	[日]寄藤文平和藤田纮一郎 著	29元
2.《能量倍增》	[英]西蒙·布朗 著	29元
3.《矿泉水才是最好的药》	[日]藤田纮一郎 著	24元
4.《血液暗号》	[日]藤田纮一郎 著	29元

雷久南系列

1.《回归身的喜悦》	雷久南 著	28元
2.《回归心的喜悦》	雷久南 著	26元

减肥系列

1.《晚间西红柿减肥》	[日]唐泽明 著	22元
2.《晚间西红柿减肥2：美人食谱》	[日]唐泽明 著	22元
3.《成为世界第一美女的减肥法》	[澳]艾丽卡·安吉亚尔 著	26元
4.《塑料瓶排毒减肥法》	[日]大泽美树 著	29元
5.《屁股小起来》	[日]寺门琢己 著	29元
6.《绝对不反弹！小腰精豆腐瘦身法》	[日]大越乡子 著	26.8元
7.《A型女美丽养成法》	[澳]艾丽卡·安吉亚尔 著	25元

美食、烘焙系列

1.《爱上面包：我的甜蜜烘焙厨房》	[日]大塚节子 著	29.8元
2.《爱上蛋糕：我的甜蜜烘焙厨房》	[日]三宅郁美 著	29.8元
3.《爱上比萨：我的甜蜜烘焙厨房》	[日]三宅郁美 著	29.8元
4.《两个素食者的创意厨房》	笨鸟和土豆泥 著	29.8元
5.《两个素食者的创意厨房2》	笨鸟和土豆泥 著	29.8元

象背系列

1.《象背：出发的日子》	[日]秋元康 著	18元
2.《象背：交接》	[日]秋元康 著	18元
3.《象背全集》	[日]秋元康 著	38元